第十册

中华传统文化
走进齐文化
10

《中华传统文化——走进齐文化》编委会 编

中国社会科学出版社

图书在版编目（CIP）数据

中华传统文化:走进齐文化:全十二册/《中华传统文化——走进齐文化》编委会编. —北京：中国社会科学出版社，2023.6（2023.11重印）
ISBN 978-7-5227-2077-7

Ⅰ.①中… Ⅱ.①中… Ⅲ.①齐文化—青少年读物
Ⅳ.①K871.3-49

中国国家版本馆 CIP 数据核字（2023）第 105321 号

出 版 人	赵剑英
责任编辑	孙婷筠
责任校对	牛　玺
责任印制	戴　宽

出　　版	中国社会科学出版社
社　　址	北京鼓楼西大街甲 158 号
邮　　编	100720
网　　址	http://www.csspw.cn
发 行 部	010-84083685
门 市 部	010-84029450
经　　销	新华书店及其他书店
印刷装订	北京君升印刷有限公司
版　　次	2023 年 6 月第 1 版
印　　次	2023 年 11 月第 2 次印刷
开　　本	710×1000　1/16
印　　张	95
字　　数	1505 千字
定　　价	163.00 元（全十二册）

凡购买中国社会科学出版社图书，如有质量问题请与本社营销中心联系调换
电话：010-84083683
版权所有　侵权必究

《中华传统文化——走进齐文化》编纂委员会

主　　任：崔国华

副 主 任：张锡华　王先伟　刘建伟　段玉强　王　鹏　冷建敏
　　　　　刘　琳　罗海蛟

名誉主任：张成刚　刘学军　宋爱国

委　　员：（以姓氏笔画为序）

王　宏　王　凯　许之学　许跃刚　孙正军　孙林涛　孙镜峰
李安亮　李新彦　李德乾　张建仁　张振斌　韩相永　路　栋

《中华传统文化——走进齐文化》编审人员

主　　编：徐广福　李德刚

副 主 编：王　鹏　朱奉强　许跃刚　李新彦　吴同德　于建磊
　　　　　闫永洁

编写人员：（以姓氏笔画为序）

于孝连　王会芳　王桂刚　王景涛　边心国　齐玉芝　李东梅
张爱玲　赵文辉　高科江　袁训海

《中华传统文化——走进齐文化》本册编委

本册主编：王晓燕

副 主 编：邱翔飞

编　　者：周玉涛　王汝成　颜丙为　于继鹏
　　　　　孟　园　鲁效翠　陈新慧　高彦娜
　　　　　迟艳华

美术编辑：田云玲　刘俊霞

前　言

　　齐文化是中华民族传统文化的重要组成部分，它所具有的鲜明的开放、包容、务实、创新的文化精神，不仅在我国古代社会产生过重大影响，而且已经穿越时空，历久弥新，对今人依然有许多启迪和借鉴意义。

　　《中华传统文化——走进齐文化》编写委员会以教育部《完善中华优秀传统文化教育指导纲要》为指针，从传统文化与时代精神的结合上把握齐文化的特点，遵循青少年身心发展规律和教育规律，面向中小学生，一体化设计本书的编写内容与编写体例，使本书由浅入深，由分到总，由具象到抽象，由感性到理性，点面结合，纵向延伸，呈现出层级性、有序性、衔接性和系统性。

　　本书编写以"亲近齐文化—感知齐文化—理解齐文化—探究齐文化"为总体编写思路。

　　小学低年级（一至二年级），以滋养学生对齐文化的亲近感为侧重点，开展启蒙教育，培育热爱齐文化的情感。

　　小学高年级（三至五年级），以提高学生对齐文化的感知力为侧重点，开展认知教育，使学生了解齐文化的丰富多彩。

　　初中阶段，以增强学生对齐文化的理解力为侧重点，开展通识教育，使学生了解齐国历史的重要史实和发展的基本线索，以及齐地风

俗，赏析齐国的文学艺术和经典名著选段，提高对齐文化的认同度。

高中阶段，以提升学生对齐文化的理性认识为侧重点，开展探究教育，引导学生认识齐文化形成与发展的悠久历史过程，领悟齐人创造的物质文化、制度文化和精神文化，探究齐文化的重要学说，发掘齐文化的历史价值和现实意义，弘扬和光大齐文化。

基于上述编写的指导思想与编写思路，本书在编写过程中与时俱进，注重齐文化教育与践行社会主义核心价值观相结合，齐文化教育与时代精神相结合，课堂学习与实践教育相结合，学校教育、家庭教育与社会教育相结合。

正如经济领域有第一产业、第二产业、第三产业一样，教育领域也有第一课堂、第二课堂、第三课堂。本书的编写意在为中小学生的第三课堂提供一套系统化的齐文化"课程"。从小学一年级到高中三年级共计十二册，学生经过十二年的序列化学习，逐步深入了解齐文化、继承齐文化，并创新性地发展齐文化。青少年学生通过亲近、感知、理解、探究齐文化，以此弘扬爱国主义精神，培养家国情怀，提升文化自信力，为实现中华民族伟大复兴的中国梦奋然前行。

《中华传统文化——走进齐文化》编委会

2023 年 2 月

目录 MULU

第一单元　齐文化的渊源

第1课　东夷文化……………2
第2课　殷商文化……………6
第3课　姜炎文化……………12
第4课　姬黄文化……………17

第二单元　齐文化的形成

第5课　因俗简礼……………24
第6课　工商立国……………29
第7课　尊贤尚功……………33
第8课　兵权奇计……………37
活动探究　齐文化的产生……………42

第三单元　齐文化的发展

第9课　主盟诸侯……………45
第10课　《齐风》齐韵……………49

第四单元　齐文化的勃兴

第11课　尊王攘夷……………53
第12课　化礼成风……………57
第13课　农工商强国……………62
第14课　开创霸业……………67
第15课　百科全书……………71
第16课　科技经典……………75
活动探究　齐文化的崛起……………80

第五单元　　齐文化的高潮

第17课　兵学荟萃 …………… 84
第18课　晏子学派 …………… 88
第19课　建立王业 …………… 92
第20课　稷下学宫 …………… 96
第21课　科技之光 …………… 100
活动探究　齐文化发展的高潮……… 104

第六单元　　齐文化的西渐与中兴

第22课　稷下之学的移植 ………… 107
第23课　稷下学宫的中兴 ………… 111
第24课　黄老之学的兴盛 ………… 114

第七单元　　齐文化的流向

第25课　齐鲁合流 ……………… 121
第26课　齐学流变 ……………… 126
第27课　齐风流韵 ……………… 131

第八单元　　齐文化的复兴

第28课　齐文化的研究 ………… 137
第29课　齐文化的开发 ………… 141
第30课　齐文化的光大 ………… 146
活动探究　齐文化研究与
　　　　开发的设想和建议 ………… 150
附1　周代齐国年表 ……………… 152
附2　周代齐国历史大事记 ……… 155

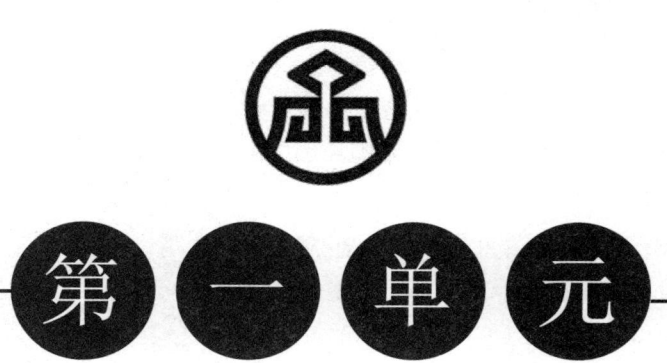

第 一 单 元

齐文化的渊源

　　齐文化的形成是一个长期的历史发展过程，与其他文化的发展过程一样，经历了孕育、形成、成熟、发展、兴盛、衰败的过程。在文化渊源上，齐文化是融合了东夷文化、殷商文化、姜炎文化和姬黄文化的结果，在兼容并包、与时俱进的发展过程中，特别是在长期的东西文化碰撞、交流、融合发展中，才得以形成和发展，并且也更具活力。太公封齐前的炎黄大战，是东西文化的碰撞与融合过程，这种碰撞与融合是齐文化的孕育阶段。齐文化质变的更始则是武王灭纣，太公封齐。

中华传统文化

 东夷文化

生活在胶东半岛的土著先民，在历史上被称为"东夷人"，他们是我国东方最古老的民族，是与中原华夏民族、南方苗蛮民族鼎足而立的。东夷人在漫长的年代里逐渐演化为许多原始部落，这些部落统称"九夷"。

东夷人所创造的文化，是人类最古老、最辉煌的文化之一。它又因其地理位置而被称为"海岱文化"。它相对于组成华夏文化的其他谱系来说，是处于高度领先地位的。

东夷称谓　《王制》篇说："东方曰夷。"东汉许慎《说文》中也说："夷，东方之人也。"在商代甲骨文中，"夷"字经常出现，泛指居住在统治中心指外周边的部族。"夷"的名称约产生于夏代，与"华""夏"并称，目的是为了进行华夷、夏夷之辨。到了《礼记·曲礼下》，"夷"才开始有"东方之人"的意思。

"夷"字的意思，按《说文》中讲："夷，东方之人也，从大、从弓。""从大"表明夷有大的意思，"从弓"说明东夷人使用大型弓箭。可见"夷"字最早表露出东夷人高大、剽悍的体格和得力的弓箭，具有勇敢善战的集群性格。后来在"夷"字前面加一个方位词"东"，称为"东夷"，是从中原人的立场看夷人居住在太阳升起的东方，所以有此称谓。

东夷阶段 东夷文化从距今8300年前的后李文化起,历经北辛文化(距今约7300年)、大汶口文化(距今约6500年)、龙山文化(距今约4500年)、岳石文化(距今约3900年),都是东夷人所创造出来的不同阶段的文化。

在漫长的史前阶段,东夷人靠他们聪颖智慧的心灵和勤劳灵巧的双手,制造出了实用、精美的石器、骨器、玉器等生产工具和生活用品;烧造出了薄如纸、黑如漆、音如镜的蛋壳陶;编织出了布纹细、密度高的纺织品;发明了冶铜术、原始历法和最古老的文字——昌乐骨刻文字;在原始农业的基础上,兴起了家禽饲养业和酿酒业。早在龙山文化时期,东夷人就已经进入阶级社会,并出现了国家,标志着文明社会的开始。

东夷部落 据《竹书纪年》和《后汉书·东夷传》记载,夷有九种。在古代,九不是实指正正好好九个,而是"数量很多"的意思。也就是说,东夷族不是一个完整的、统一的部落,而是由大大小小很多个部落组成的庞大部族和部落联盟。其中,最主要的部落有:风姓部落、姜姓部落、嬴姓部落、姚姓部落等。

东夷族各部落主要以龙、蛇、凤、鸟、太阳为图腾,以鸟类图腾居多。在东夷族的历史上,最为著名的部落首领有太昊、蚩尤、少昊、大舜等。

东夷神话 史载东夷人身材高大、民风淳厚、喜骑射、善征战。东夷人拥护德政,反对暴政。东夷人崇尚英雄精神,他们的部族中涌

现过许多英雄传奇人物，如蚩尤、太昊、少昊、后羿等。其中"后羿射日""嫦娥奔月"等为今人所熟悉的神话传说即出自风夷偃姓部族。

"后羿"本是偃姓的一支部落，这个部落的男子因常于桑林中掘坑、身负弓矢隐蔽于地穴中、伺机射鸟而著称。他们的最高军事首领亦名后羿，其人力大无穷，是位射术精湛的勇士，被尊为东夷之神，他以"有穷"为国号，领导着他的人民走向强盛。他甚至一度推翻昏乱的夏相帝，夺取了夏朝政权，自立为帝，后来他的宠臣寒浞又杀死了他，取代了帝位。后羿、寒浞先后统治夏朝达十年之久。

东夷文明 早在大汶口文化时期（距今六七千年），原始耕锄已经成为东夷地区社会经济的重要形式，此时的生产和生产工具均已专门化、定型化。东夷人已会种植多种农作物、饲养多种家畜，还会酿酒。他们能制作精美的石、骨、牙器具及烧制陶器，并独立自发地发明了纺织技术、象形文字和历法（山头纪历）、八卦占卜术等。大汶口文化是我国新石器时代最重要的古文化类型之一，其遗迹主要分布在黄河中下游地区，其中山东省分布最广泛（具体遗址地点约五百余处），临淄齐陵镇的"薛家遗址"就是其中之一。根据20世纪60年代初期发掘该遗址所得到的信息来看，薛家遗址的相对年代大致属于大汶口文化的早期阶段。

东夷人曾统一于以蚩尤为军事首领的部落联盟之中。后来蚩尤与黄帝、炎帝大战败北，归顺了炎黄二帝，东夷人遂承认了炎黄是中华各民族的共同祖先。这标志着东夷人很早就加入了中华民族大家庭。

灰陶甗（临淄齐国历史博物馆藏）

 ## 故事链接

战神蚩尤

蚩尤是中国神话传说中的部落首领，以在涿鹿之战中与黄帝交战而闻名。蚩尤在战争中显示的威力，使其成为战争的同义词，尊之者以为战神，斥之者以为祸首。蚩尤曾与炎帝大战，后把炎帝打败。于是，炎帝与黄帝一起联合来战蚩尤。蚩尤率八十一个兄弟举兵与黄帝争天下，在涿鹿展开激战。传说蚩尤有八只脚，三头六臂，铜头铁额，刀枪不入。善于使用刀、斧、戈作战，不死不休，勇猛无比。黄帝不能力敌，请天神助其破之。杀得天昏地暗，血流成河。蚩尤被黄帝所杀，帝斩其首葬之，首级化为血枫林。后黄帝尊蚩尤为"兵主"，即战争之神。他勇猛的形象仍然让人畏惧，黄帝把他的形象画在军旗上，用来鼓励自己的军队勇敢作战，诸侯见蚩尤像不战而降。黄帝胜利之后，一统中原地区，成为华夏正统。

拓展活动

游览临淄景观：薛家庄文化遗址

1964年冬，北京大学考古系师生在临淄实习时发现薛家庄文化遗址，山东省考古队对其进行了试掘。出土遗物中有完整的红陶鬶、三足灰陶甗、鼎足、鬲足、彩陶片以及蚌刀、蚌镰、石镰、骨器等。经考察薛家庄为大汶口文化遗址，该遗址位于今齐陵镇薛家庄西一千米的淄河东岸。遗址面积约五千平方米。根据查阅考古文献以及你所游览掌握的资料，谈谈你对东夷文化和远古生活的印象。

第 2 课 殷商文化

殷本来叫作商。商朝（公元前 1600 年至公元前 1046 年），中国历史上继夏朝之后的一个王朝。公元前 1600 年商族部落首领商汤灭夏，夏亡，商朝正式建立，定都于亳，成为我国历史上第二个奴隶制王朝。商王朝经历十七代三十一个王。历经五百五十四年，至前 1046 年 1 月 20 日商纣王被周武王所灭，商朝灭亡。商代前期多次迁都，公元前 13 世纪，商王盘庚迁都于殷（今河南安阳），并固定下来，此后，直至商纣灭亡，共二百七十余年，一般称之为殷。整个商朝，后来也称为殷商。姜太公扶周灭商，分封建齐，从一定意义上说，齐文化与殷商文化有不可分割的继承关系。

商汤建国　商汤原为商部族领袖，也是商朝的建立者。夏代末年，夏王室内政不修，外患不断，桀即位后不思改革，骄奢淫逸，四方诸侯纷纷背叛。公元前 1600 年左右，商部落首领汤联合其他部落消灭了夏王朝，商朝建立。商始定都于亳（今河南商丘），夏亡后都城西迁，仍称亳（bó 今河南偃师一带）。

商汤立国后，采用了"宽以治民"的政策，在贤臣伊尹和仲虺（huǐ）的辅佐下国力日益强盛起来。商汤死后，因其子大丁早死，由大丁之弟外丙继位；外丙死后，其弟仲壬继位；仲壬死后，又以大丁之子太甲继位。太甲即位三年，因暴虐无德被伊尹放于桐宫。太甲居桐宫三年，悔过自责，伊尹迎回太甲并还政。后世权臣废立皇帝称"行伊尹、霍光之事"。

从契到成汤,曾经八次迁都。到成汤时才又定居于亳,这是为了追随先王帝喾,重回故地。成汤为此写了《帝诰》,向帝喾报告迁都的情况。

盘庚迁殷 盘庚迁殷是发生在商朝中期的一次历史事件,是指盘庚继位后,为了挽救政治危机,决定迁都于殷(今河南安阳)。

商汤建立商朝的时候,最早的国都在亳(音bó,今河南商丘)。在以后三百年当中,都城一共搬迁了五次。这是因为王族内部经常争夺王位,发生内乱,再加上黄河下游常常闹水灾。有一次发大水,把都城全淹了,同时在统治者之间,对王位的争夺也十分激烈,有的人说应当父死子继,有的人说应当兄终弟及,叔侄之间、兄弟之间为争夺王位,常常展开你死我活的斗争。他们为私利把国家搞得混乱不堪。

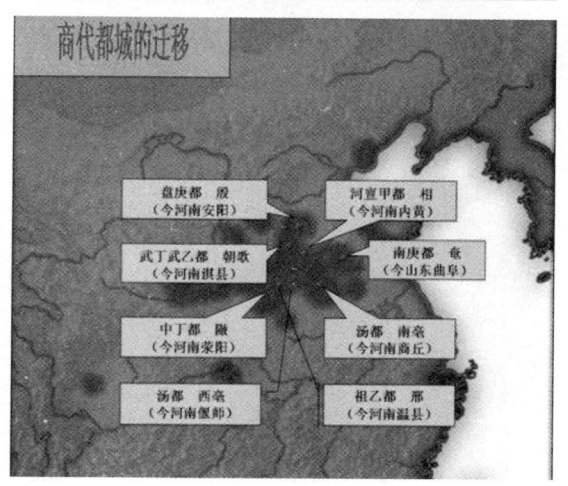

从商汤开始传了二十个王,王位传到盘庚手里。盘庚是一位能干的君主,他深知商朝正处于一个非常危险的时期,如果再不进行改革,抑制奢侈恶习,势必走向衰亡。经过长期思考,盘庚决定迁到殷这个地方。殷处于黄河之北,洹水之滨,从政治上来说,离旧都比较远,能够削弱王公贵族的旧势力,缓和统治阶级的内部矛盾,摆脱争夺王位的混乱局面;从经济上说,避开水涝较多的泗水流域,更有利于发展农牧业;从战略上来说,可以更好地防御北方地区和西北地区各方国的侵扰，同时控制四方诸侯。但是，当盘庚提出迁都到殷之时，遭到了大多数王公贵族的公然反对，一部分有势力的贵族甚至煽动奴隶起来闹事。

盘庚面对强大的反对势力，并没有动摇迁都的决心。他把反对迁都的贵族找来，耐心地劝说他们："我要你们搬迁，是为了想安定我们的国家。你们不但不谅解我的苦心，反而发生无谓的惊慌。你们想要改变我的主意，这是办不到的。"

由于盘庚坚持迁都的主张，挫败了反对势力，终于带着平民和奴隶，渡过黄河，搬迁到殷（今河南安阳小屯村）。在那里整顿商朝的政治，使衰落的商朝出现了复兴的局面，以后二百多年，一直没有迁都。所以商朝又称作殷商，或者殷朝。

商纣亡国　商纣王是商朝最后的一个君主，商代的第三十二位帝王子辛，也叫帝辛（？—约公元前1046年），都于沬，改沬邑为朝歌（今淇县）。据正史所载，商纣王博闻广见、博学多才、思维敏捷、身材高大、臂力过人。《荀子·非相篇》说帝辛"长巨姣美，天下之杰也；筋力超劲，百人之敌也"。《史记·殷本记》也说"帝纣资辨捷疾，闻见甚敏，材力过人，手格猛兽"。

帝辛继位后，重视农桑，社会生产力发展，国力强盛。他继续发起对东夷用兵，打退了东夷向中原扩张，把商朝势力扩展到江淮一带。

帝辛在位后期，居功自傲，耗巨资建鹿台，造酒池，悬肉为林，过着穷奢极欲的生活，使国库空虚。立妲己为后。宠幸倍之，唯言是从。

他刚愎自用，听不进正确意见，在上层形成反对派，杀比干，囚箕子，失去人心。他在讨伐东夷之时，没有注意对西方族的防范，连年用兵，国力衰竭，对俘获的大批俘虏又消化不了，造成负担。

约公元前1046年，周武王联合西方十一个小国会师孟津，乘机对商朝发起进攻，牧野之战，大批俘虏倒戈，周兵攻之朝歌。帝辛自焚于鹿台。商亡。由于商纣先征西北黎，后平东夷，虽取得胜利，但是穷兵黩武，加剧了国家财政负担、社会和阶级矛盾，招致灭亡，最后兵败自焚，故《左传》称"纣克东夷而损其身"。

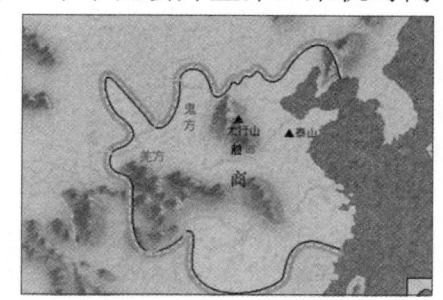

殷墟甲骨 从盘庚迁都殷地，经过三千多年的漫长日子，商朝的国都早就变为废墟了。到了近代，人们在安阳小屯村一带发掘出大量古代的遗物，证明那里曾经是商朝国都的遗址，就叫它是"殷墟"。

从殷墟发掘出来的遗物中，有龟甲（就是龟壳）和兽骨十多万片，在这些龟甲和兽骨上面都刻着很难认的文字。经过考古学家的研究，才把这些文字弄清楚。原来商朝的统治阶级是十分迷信鬼神的。他们在祭祀、打猎、出征的时候，都要用龟甲和兽骨来占卜一下，是吉利或是不吉利。占卜之后，就把当时发生的情况和占卜的结果用文字刻在龟甲、兽骨上。这种文字和现在的文字有很大的不同，由于是在龟甲兽骨上发现的文字，后来就把它叫作"甲骨文"。

现在我们使用的汉字就是从甲骨文演变过来的。

从殷墟出土的甲骨文中，我们对殷商时期的社会情况有了比较确凿的考证。可以说，我国最早有文字记载的历史是从商朝开始的。

青铜考古 在殷墟发掘的遗物中，还发现了大量的青铜器皿、兵器，种类很多，制作很精巧。被誉为"世界青铜鼎之冠"的司母戊大方鼎，重量有875千克，高130多厘米，大鼎上还刻着富丽堂皇的花纹。这样大的青铜器，说明在殷商时期冶铜的技术和艺术水平都是很高的。

王懿荣服药识别甲骨

王懿荣是山东福山人，光绪六年进士，官至国子监祭酒（教育行政机构学官）。清末光绪二十五年（1899）秋天，身居北京城内的王懿荣，换疟疾延请太医诊治。太医诊脉后开出了一张处方，其中一味是中医常用的龙骨。据说，龙骨可治刀伤烂疮，又可涩精补肾。王懿荣派家人特地到宣武门外菜市口，找到一家明代就开张了的老中药铺达仁堂购药。药买回来后，王懿荣无意中发现药包中的"龙骨"上刻有古文字，它与篆文相似而又不相识。作为当时著名的金石学家，王懿荣对此十分惊讶。他开始探索这些古文字。为了寻根问底，他专门派人去那家中药铺用重金购回了全部"龙骨"。经过精心研究，他初步断定，龙骨上刻的文字是更为古老的文字，而且这批"龙骨"应该是商代占卜用的兽骨。

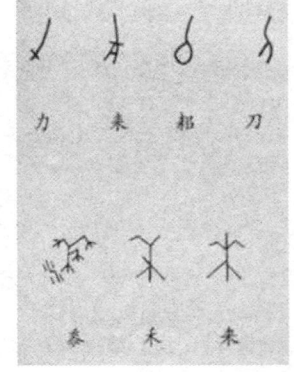

走进齐文化 十

拓展活动

汤出，见野张网四面，祝曰[1]："自天下四方皆入吾网。"汤曰："嘻，尽之矣！"乃去其三面，祝曰："欲左[2]，左。欲右[3]，右。不用命[4]，乃入吾网。"诸侯闻之，曰："汤德至矣，及禽兽。"

——《史记卷三·殷本纪第三》

[1]祝：祝祷，祷告。[2]左：这里意思是向左。[3]右：这里意思是向右。[4]用命：从命。

商汤革命一直是后代讨论的一个话题。根据这则文言小故事，谈谈商汤革命能够取得成功的条件和原因是什么？

中华传统文化

第 3 课　　姜炎文化

在距今约五千年前，宝鸡渭水流域的姜水，生息着一个古老的氏族部落——姜炎族，这里诞生了一位伟大的人物，中华民族的人文始祖——炎帝，他便是姜炎文化的缔造者。从族源的角度讲，姜炎文化与后来的齐文化有着不可分割的联系。

炎帝由来　炎帝，又称神农氏、赤帝、烈山氏。司马贞补《史记·三皇本纪》云："炎帝，神农氏，姜姓。"在我国许多古籍中，炎帝是一位很大程度上被神化了的古史传说中的人物。据《史记·五帝本纪·正义》引《帝王世纪》云："神农氏，姜姓也。母曰任姒，有蟜氏之女，名女登，为少典正妃，游华阳，有神龙首，感生炎帝。人身牛首，长于姜水。有圣德，以火德王，故号炎帝。"一些古籍则直言炎帝为神，如《白虎通》云："炎帝者，太阳（神）也。"

炎帝（远古）

炎帝祠大殿前台阶石雕盘龙

炎帝故里　《国语·晋语四》中说："昔少典娶有蟜氏女，生黄帝、炎帝，黄帝以姬水成，炎帝以姜水成。"故黄帝后裔姓姬，炎帝后裔姓姜。那么，姜水在什么地方呢？据徐旭生先生考察，姜水，即"西出岐山，东过武功，折南流入渭水的小水"。由此可知，炎帝的故里在今天的陕西省宝鸡市境内，或曰姜炎文化的发祥地便是在宝鸡。

炎帝部落 初期，炎帝部落从事采集渔猎，后来逐渐从事农业，开始了半定居的迁徙农业生活。其迁徙的路线，是顺渭水东下，过伊河、洛河，到达今河南、山东一带。因其地平坦，气候较温暖，适于原始农业，遂以农耕为主，形成定居的部落集团。初都陈，即今河南淮阳；再迁鲁，都曲阜。传八九代后，势渐衰，受到九黎族压迫，为蚩尤所败。后联合黄帝部落打败蚩尤。黄帝部落又打败炎帝部落。此后，炎、黄两族部落开始联合和融合组成华夏族，所以，今日中国人自称为"炎黄后代"。

姜炎部落 昌于"宝"地

姜炎族的生活习俗 宝鸡渭河流域从上古流传、积淀下来的生活习俗丰富多彩。考察其渊源，多与生息于这块土地上的姜炎族的生活习俗有着直接或间接的承续关系。当然，随着社会的演进、文明的进步，有些习俗消失了，如"燔柴祭天"；有些习俗已改变了原有形式和内容，如"傩舞"；但有些习俗至今仍然保留于民间，如"祭炎""崇火""尚红"。

祭炎，祭祀炎帝活动在宝鸡民间由来已久，相沿成习。传说农历正月十一是炎帝的诞生日，七月初七是炎帝的忌日。在每年的这两天，渭滨、金台两区四乡八村的群众就来到神农庙、先农坛、炎帝陵、炎帝祠等处，焚香叩拜，烧"香山"、耍"火龙"，唱大戏。七月初七的炎帝忌日，祭祀活动在天台山要延续一个多月。凤翔县槐原村和陈仓区桥镇在每年农历正月二十六、三月二十日要举办祭祀炎帝之母女登的庙会，届时踩高跷、点排灯，以祭祀炎帝之母和炎帝。

姜炎族的世系 清代大学者马骕在《绎史》卷四中引述了众多古书之后说道："（炎帝神农氏）传十有六帝，或曰八帝，或曰十七世。黄帝始起而代之。其后世则在颛顼时为土正，尧时为四岳，商为阿衡，周为太师。"太师，指姜太公尚。根据郭沫若的研究，炎帝后裔有四个重要的分支：第一支是烈山氏，第二支是共工氏，第三支是四岳，第四支是有邰（tái）氏。在炎帝的后裔中，四岳被认为是最有头绪的一支。四岳源于伯夷，其后代在先秦时期历历可考者，有申、吕、许、由等。齐就是从吕分化出来后移居东部地区的一支。因此，《史记·齐太公世家》说："太公望吕尚者，东海上人。其先祖尝为四岳，佐禹平水土甚有功。虞夏之际，封于吕，或封于申，姓姜氏。夏商之时，申、吕或封枝庶子孙，或为庶人，尚其后苗裔也。"可见，从族源的角度讲，正是姜尚其人，把姜炎文化与齐文化有机地联系了起来。

炎帝神农氏

姜炎文化 所谓姜炎文化，简言之，就是上古时期，炎帝率领姜炎族在其原生地——宝鸡渭水流域所创造的物质财富和精神财富的总和。姜炎文化产生于老官台文化时期及其以前，距今约七千年，为母系氏族公社时期。炎帝首创新的农业生产工具——木质的耒耜（lěi sì），为推动农业生产的发展做出了巨大的贡献，被百姓尊奉为"农业之神"。炎帝为了让剩余产品能在市场上进行交换，创办了"日中为市"的市场经营模式，被人们称为"太阳之神"。炎帝为了帮助百姓解决病痛，在宝鸡天台山遍尝百草而发明医药，被

神农锄耕

后世尊为"医药之神"。以神农氏炎帝为首的姜炎族，为中华文明的兴起和中华民族的统一做出了突出的贡献。

姜炎文化发展于炎帝生息于姜水流域的仰韶文化、龙山文化时期，及至夏、商时期，姜炎文化得到了进一步的发展。在这一过程中，姜炎文化在保存传统的基础上，发生了文化的膨胀、传播、碰撞和交融。其中一部分与姬黄文化逐步融合，构成了周文化的基础，另外部分则流向了东、南两方。流向东方的在东夷文化圈里建立了许多姜姓部族方国。这些姜姓方国承传着姜炎文化的传统，后来都逐渐地融入齐文化之中了。可见姜炎文化是齐文化的渊源之一。

神农尝百草

由以上简述可知，以农立族的姜炎族所创立的姜炎文化，对华夏民族以农立国产生了深刻的影响，对中国文明的起源起到了划时代的作用，开中国文明起源之先河。

故事链接

相传炎帝母名任姒（名女登），一日游华山，看见一条神龙，身体马上有反应，回来就生下炎帝。炎帝生于烈山石室，长于姜水，有圣德，以火德王，故号炎帝。炎帝少而聪颖，三天能说话，五天能走路，三年知稼穑之事。他一生为百姓办了许多好事：种五谷以为民食，制作耒耜以利耕耘，遍尝百草以医民恙，治麻为布以御民寒，陶冶器物以储民用，削桐为琴为怡民情，日中为市以利民生，剡木为矢以安民居，重演八卦以探天象，后在南巡中为民治病采药，日遇七十毒而不辍，终因误尝断肠草而崩。他又作乐器，让百姓懂得礼仪，为后世所称道。

中华传统文化

拓展活动

　　炎帝为救助百姓，遍尝百草，他的这种造福于民的务实精神值得我们学习。从炎帝身上我们还应继承和弘扬哪些精神，为实现中国梦提供精神动力？

走进齐文化 十

第4课　姬黄文化

距今约五千年前，炎帝、黄帝是黄河流域部落首领。黄帝部落联盟原在渭河流域，后与炎帝部落融合，并顺河移动，发展到黄河中下游和长江流域，史称华夏族。姬黄文化的始祖是黄帝，黄帝为中国传统文化的发展做出了巨大贡献。

黄帝由来　轩辕黄帝为中华民族始祖，被尊为中华"人文初祖"，中国远古时期部落联盟首领。黄帝（公元前2697年至公元前2599年）少典之子，本姓公孙，长居姬水，因改姓姬，居轩辕之丘（在今河南新郑西北），故号轩辕氏，出生、创业和建都于有熊（今河南新郑），故亦称有熊氏，因有土德之瑞（有土这种属性的祥瑞征兆，土色黄），故号黄帝。

"昔在黄帝，生而神灵，弱而能言，幼而徇齐，长而敦敏，成而聪明。"

（黄帝）一生下来就很有灵性，出生不久就会说话，小时候聪明机敏，长大后诚实勤奋，成年以后耳聪目明，广博透彻。

——司马迁《史记》

黄帝战蚩尤　根据中国史书的记载，在炎帝神农氏管治后期，中原各部族互相攻伐，战乱不止。黄帝便乘时而起，打败不同的部族，其余部族的首领亦纷纷归附，于是形成炎帝、黄帝、蚩尤人鼎足而立的局面。黄帝居

黄帝战蚩尤　石拓本

中华传统文化

黄帝战蚩尤　汉代画像砖

中原,炎帝在西方,居太行山以西。蚩尤是九黎君主,居东方。炎帝与蚩尤争夺黄河下游地区,炎帝失败,向北逃走,向黄帝求救。黄帝在三年中与蚩尤打了九仗,都未能获胜。最后黄帝集结在涿鹿上与蚩尤决战,战斗十分激烈。黄帝在大将风后、力牧的辅佐下,终于擒杀了蚩尤,获得胜利,统一了中原各部落,建都在涿(zhuō)鹿。这便是历史上有名的"涿鹿之战"。战后,黄帝率兵进入九黎地区,随即在泰山之巅,会合天下诸部落,举行了隆重的封禅仪式,告祭天地。这场战争确立了黄帝为中华民族始祖的地位。

黄帝族变迁　轩辕黄帝是中国古史传说时期最早的宗祖神,华夏族形成后被公认为全族的始祖。上古时期约在姬水(在今陕西武功县附近注入渭水)一带形成的较为先进的黄帝族,即因这位杰出的始祖而得名。黄帝族和住在姜水(在今陕西岐山附近注入渭水)一带的姜姓炎帝族世代互通婚姻。后黄帝族后裔中的一支进入今山西南部,创造了夏文化,遂称夏族。夏族后来建立了中国第一个王朝夏代。夏、商、周的君主都是黄帝的子孙。后来的五帝少昊、颛顼、尧、舜、禹以及夏禹、商族的祖先、周族的祖先等,都是黄帝的后裔,这些后裔都继承了姬姓,他的后代周武王(姬发)建立了周朝;在西周初年周武王(姬发)大封诸侯时,其中姬姓国就有五十三个。黄帝族经过夏、周两代与其他各族的冲突、交往与融合,到战国形成了统一的华夏族。

姬黄文化　姬黄文化简而言之就是黄帝时代的文化,在考古学上是指新石器时代文化。黄帝是当时一位英明无比的部落联盟领袖,他率领先民们在中华大地上繁衍生息,计亩设井,划野分州,营造宫室,制作舟车

走进齐文化 十

弓矢，教民生火做饭，吃熟食，又创制纺织技术，用以制作衣服冠冕，御寒护体，形成了男耕女织的生活方式，黄帝令伶伦定音律，仓颉造文字，并与歧伯置《黄帝内经》，于是始有医药方法，人得以尽年。凡宫室器用、衣服、货币之制，皆始于此。黄帝奠定天下后，还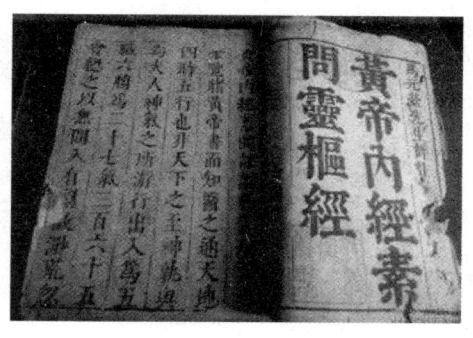制定国家的职官制度，如以云为名的中央职官，管宗族事务的称青云，管军事的称缙云，又设置了左右大监，负责监督天下诸部落。风后、力牧、常先、大鸿被任命为治民的大臣。他又经常封祭山川鬼神。他以神蓍（shī）推算、制定了历法。他定期巡视各地，了解人民生活情况，因此深得人民的爱戴。黄帝带领中华文明从野蛮向文明发展，开启了中华民族文明的时代。

指南车

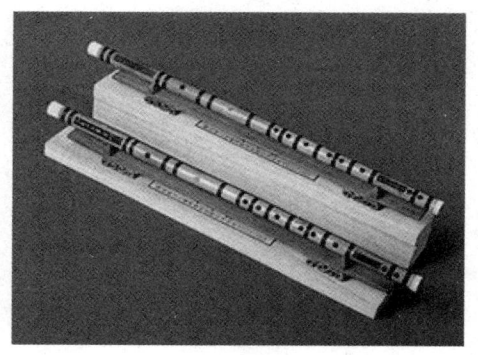
箫　管

历史发展到距今约三千年前，来自黄帝族的一支姬姓周族人，迁徙到周原，与当地姜炎族人紧密结合，团结融洽。这样，以"姜水"之畔诞生、形成的姜炎文化与"以姬水成"的黄帝族创立的姬黄文化相融相承，共同构成了姜姬（炎黄）文化，即"后姜炎文化"（在考古上是指宝鸡地区的龙山文化及先周文化），后来，它们又在不断吸收夏商文化基础上形成了西周文化。至公元前11世纪，殷鼎迁周，天下更始，姜太公尚以首功得封于齐，创造性地把西部的姬周文化与东夷人的礼俗、传统相结合，终于

19

整合成一种新型文化,即齐文化。齐文化一旦形成,便像一条生生不息的湍急河流,以汹涌澎湃之势,流过了春秋、战国、嬴秦,到西汉前期终于汇聚到传统文化的海洋中,成为华夏文化框架中的重要组成部分,共为中华文明的始兴和发展作出了重大贡献。

由此看来,齐文化与西部文化圈中的姜炎文化和姬黄文化都有很密切的渊源关系。故而杨向奎先生说:"先秦时代,齐鲁为中国文化之中心地带,而鲁为黄帝体系,齐则为炎黄两系之融合。"

故事链接

黄帝驭龙升天

《史记·封禅书》上说,黄帝从首山采了铜,在荆山湖边铸了一口大鼎,这时有天龙下界,垂下胡须迎请黄帝上天。黄帝跨上龙背后,许多大臣和宫女也爬了上去,没有爬上去的便死抓住龙须,结果龙须被拔掉了,而且还把黄帝的一只弓也晃落下来。这样,此处被称作鼎湖,上了天的黄帝被叫作鼎湖龙,落下的弓叫乌号。有诗云"当年龙髯攀无计,此日桥山景更清"说的就是这回事。

拓展活动

说一说

图中所示是传说中黄帝时期的发明创造,你能说说有哪些吗?

传说中黄帝对中华文明的贡献

思一思

从黄帝对中华文明的贡献可以看出,五千年来,博大精深、内容丰富的姬黄文化不但一直主导着中华文化的形成和发展,而且对今天的和谐社会建设有着重要价值。请结合我国现状,谈一谈姬黄文化的哪些特点可以用在我国和谐社会的建设实践上。

参考资料：

1. 《炎黄源流史》，江西教育出版社1992年版，第7页。

2. 冯天瑜：《炎帝文化研究方法论三题》，《炎帝与炎帝文化》，湖北人民出版社1991年版。

3. 《漫谈姜炎文化》，载《炎帝论》，陕西人民出版社1996年版，第1页。

4. 姚原野：《先秦时期齐文化的发展》，安徽大学硕士学位论文，2007年。

5. 宣兆琦：《齐文化发展史》，烟台师范学院学报（哲学社会科学版）2003年第2期。

6. 《管子学刊》1990年第2期。

7. 《东夷古国史论序》，成都电讯工程学院出版社1989年版。

8. 宣兆琦、李金海：《齐文化通论》，新华出版社2000年版。

第二单元

齐文化的形成

严格地讲，齐文化主要是指先秦时期由齐人创造的齐地文化。它始于姜太公封齐建国，历西周、春秋、战国，终汉而止，长达八百余年（公元前11世纪至公元前2世纪）。齐文化与其他文化的发展过程一样，经历了形成、成熟、发展、兴盛、衰败的过程。武王伐纣，周朝建立。姜太公以首功而封齐侯、建齐国，创造了齐文化得以形成的契机。姜太公因地制宜，务实求真，制定了"因俗简礼""尊贤尚功""通工商之业，便渔盐之利"的三大治国方略，开始了他治齐建国的宏伟大业。

中华传统文化

第 5 课　　因俗简礼

姜太公封齐建国　姜太公，又名姜尚，字子牙。他辅佐周文王，战功卓著，被尊为太公望；武王尊为师尚父，因其视辅佐大禹治水有功，封吕地，以吕为氏，又称吕尚、吕望；也因初封齐君，尊为太公。武王灭商后，采取封邦建国的方略，实行对全国的统治。他同姜太公、周公旦等人商议，把全国分成若干个侯国，由周天子分封给在灭商大业中做出了贡献的姬姓亲族和有功之臣建都立国，充当周朝统治中心的屏障，即所谓"封建亲戚，以藩屏周"。由于姜太公在兴周灭商中功勋卓著，而被首封于齐地营丘（今淄博市临淄区）建立齐国，以稳定东方。

领封之后，姜太公带领本部人马，奔营丘而来。因为长途跋涉，一行人十分疲惫，行军速度很慢。一天傍晚，他们来到离营丘不远的一个地方宿营，准备明日赶到营丘。姜太公偶然听见有人说："有道是机会难得，这些人睡起觉来香甜安稳，哪像个赴国建都的样子。"顿时睡意全无，急命整顿人马，披星戴月赶赴营丘。到黎明时，姜太公一行人马就到了淄河西岸。只见莱国的军队正在涉水奔营丘而来，剑拔弩张，形势危急。原来莱国与营丘离得很近，是商纣王的属国，莱侯想趁姜太公立足未稳之际，抢占营丘。姜太公急忙组织人马迎敌，两军在淄河西岸展开对垒。姜太公指挥镇定自若，士兵作战英勇顽强。面对姜太公的

强大攻势，莱军丢盔弃甲，节节败退，只好悻悻而回。这样，齐国正式

建立起来了。

制定"因其俗，简其礼"的国策 "因俗简礼"是太公在处理民族关系问题上制定的基本国策，也是他在文化方面的一项改革。"因俗"就是对先齐土著人的风俗习惯和传统文化因袭，不作过多的干预，不强制性地要求他们按照周人的习俗和传统文化去做。"简礼"就是把周人制定的那些烦琐、拘谨的礼仪简化为方便易行的礼仪规范。

> 太公封于齐，五月而报政。周公曰："何疾也？"曰："吾简其君臣礼，从其俗为也。"
> ——《史记·齐太公世家》。

姜太公创造性地把周文化、东夷文化和商文化有机结合起来，创造了独具特色的齐文化。齐国方圆百里，土著民族支派众多；北临渤海，土地盐碱脊薄，但渔盐、桑麻业较为发达。这里有尚武重仁的传统，蕴藏着全面发展的无穷潜力。太公深知，要发挥这一优势，就要调动广大士民的积极性。因此，太公采取了"敬其众，合其亲，因其明，顺其常"（《文韬·文韬》）的策略，要求官使们对民要"利而勿害，成而勿败，生而勿杀，与而勿夺，乐而勿苦，喜而勿怒""与民同忧、同乐、同好、同恶"以争取民心，激发士民的生产积极性。对于周礼，既保持了它的权威性，又简化了一些烦琐程序，从齐地民俗的特点出发，两相结合，创造了既让齐民乐于接受，又不太悖于周礼的新制，从而调动了齐民兴齐建国最大的积极性，开改革开放的先河。姜太公因地制宜，务实求真，制定"因俗简礼"的国策，开始了他治齐建国的宏伟大业。

临淄姜太公衣冠冢

总之，由于齐地原来是土著民族聚居的地方，有自己独特的习俗和传统文化。姜太公在处理民族风俗习惯和传统文化问题上采取"因俗简礼"

中华传统文化

的民族政策，很快缓解、消除了姜姓与先齐土著人因文化差异造成的隔阂和矛盾，促进了两种文化的融合和社会的稳定。

 **故事链接**

平易近人：西周初，周公旦的儿子伯禽封于鲁，姜太公封于齐，周公仍在朝摄政辅佐周王。三年后，伯禽入朝向周公汇报政务，周公说："为什么来得这么晚？"伯禽说："我变革礼俗，费力不小。所以三年才来汇报。"而太公到齐之后，五个月就去汇报政务，周公说："为什么来得这么快？"太公说："我大大简化了君臣礼仪，一切依从当地人的习惯，所以很快就安定了齐国。"太公后来听说了伯禽汇报政事的情况，长叹说："鲁国后世必定会北面臣服于齐国。政治如果不简要平易，民众就不愿意接近。平易近民，民众才会归附。"所以，"平易近人"本指政治的通俗简易。可是，到了唐朝，为避唐太宗李世民讳，凡言"民"处皆改为"人"，此语也不例外。如白居易《策林》十二引用这句话时就改成了"平易近人"。这样一改，意思也就变了，从指政治变为指为人处世的态度，有时也指文章风格浅显易懂。

姜太公与民间春节习俗

春节是中华民族最重要的传统节日，节日里各种各样的民间习俗，彰显、展现着中华传统文化的精华和魅力。在春节习俗中，有许多与姜太公有关。

1. 贴"福"字。

传说姜太公封神时，封其妻为"穷神"，并对她说："除了有福的地方，你都可以去。"从此，老百姓每逢过春节，家家都贴"福"字，以驱穷神。因为"穷神"是倒着看的，所以百姓一般把"福"字倒着贴。

2. 贴"酉"字。

一些地方在春节之际，家家将"酉"字贴在门框上。传说姜太公酉时出生，爹娘给他取名"酉"，以为纪念。"酉"字贴出，便如同"姜太公在此"了。"酉"

 26

又与"有"谐音,意在不受穷。有的地方还传说姜太公是酉年生人,属鸡,而"鸡"与"吉"谐音,贴"酉"字又有"吉祥如意"之意。

3. 贴窗花

传说姜太公封神时,最后已经没有地方可封,只能将自己封为窗神。有的人家过年时在窗户上贴上"姜太公在此,诸神回避"的红纸条,以图吉祥。后来,人们剪贴一些寓含美好愿望的图案贴在窗户上,希望新年能给自己和家人带来吉祥,这就是窗花的由来。

4. 破五

正月初五,民间习惯称为"破五",是春节后的一个重要节日。传说姜太公封老婆为穷神,并令她"见破即归",人们为了避穷神,于是把这天称为为"破五"。在鲁西北的临清一带,中秋节这天,家家都剪一个又大又圆的月亮贴在窗上,圆月中有传说中的嫦娥或石榴、莲花、牡丹、蝴蝶等。按当地风俗,这圆月必须在当天撕破,这样可以驱除邪气,带来好运。这风俗也来源于姜太公封老婆为穷神,并令她"见破即归"的故事。还有一个略为不同的传说是,大年三十人们请神时,把脏神——姜太公的老婆给忘了。于是她气不过,便找弥勒佛闹事。弥勒佛满脸堆笑,就是不答腔。这脏神气得捶胸顿足,七窍生烟。眼看事情要闹大了,弥勒佛才开口说:"这样吧!今天是初五,让人们再为你放几个炮,包一次饺子,破费一次吧!"——这就是"破五"的来历。

5. 贴门笺

门笺,在不同的地方有不同的称呼,如挂钱、吊钱、门吊、门花、门钱、吊千儿等,是春节时一般贴在门楣上的吉祥饰物。一般用红纸或彩纸剪刻而成,呈长方形,镂空的背饰有方孔钱纹、万字纹、水波纹等,上有吉语题额,中有吉祥图案或福禄寿喜等字,下有多种多样变化的穗。传说姜太公封他老婆做了穷神,但害怕她乱去别人家里,给别人带来晦气,就规定她只许上富贵人家,如果人家门脸破败,就不准进去。人们知道了这件事,纷纷把家里的破布烂麻挂在门上,以示家庭破败,阻拦穷神进入。后来人们觉得不太雅观,就用整块布、整张纸剪成穗子来代替,以后便慢慢发展成更加精美的门笺。

中华传统文化

拓展活动

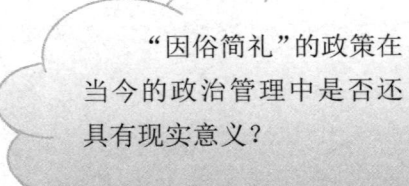
"因俗简礼"的政策在当今的政治管理中是否还具有现实意义？

看一看

　　游览姜太公祠、齐国历史博物馆、太公湖等景点，并根据所学知识，感受齐文化的博大精深。

第6课　工商立国

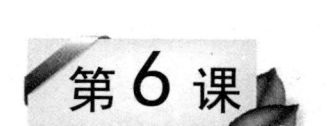

姜太公建立齐国以后,在政治、经济、文化、军事等方面都采取了有效措施,促进了齐国的蓬勃发展。上节课讲的是姜太公在文化上推行"因其俗,简其礼"的开明政策,促进了周文化与东夷文化的融合,为齐文化的勃兴做出了卓越的贡献。这一节课重点阐述姜太公建立齐国以后在经济上的政策措施。

姜太公实施"农、工、商"三宝并举、"通商工之业,便渔盐之利"的宏观战略　姜太公最早提出了农工商并举的经济政策。《六韬·文韬·六守》载,太公曰:"大农、大工、大商,谓之三宝。……三宝完则国安。"他治理齐国,不但重视农业,而且利用齐地鱼盐资源丰富的优势和重商传统,大力发展工商业,很快使齐国成为富国。

齐国的地理位置及经济条件　《汉书·地理志》载:齐地大部沿海,盐碱化严重,粮食产量低,地广人稀。不同于鲁国具有多平原、土地肥沃、人烟稠密等发展农业得天独厚的优势,齐国初建时沼泽遍布,自然条件恶劣,对农业经济的发展极其不利。但这里也有自己的优势:矿藏丰富,鱼盐资源丰富,交通便利,人民有重视商业的传统。营丘西境有盛产高含量的优质铁矿石的商山,因出铁矿著名又叫铁山;东部煤矿、铜矿丰富;北境靠清河、临济水,两水入海处构成了天然的鱼盐产区。

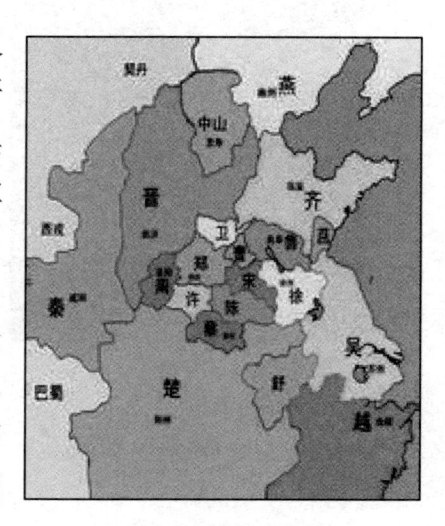

西周时齐国地理位置

因地制宜，利用优势，发展经济 根据齐国的实际状况，姜太公在注重发展黍、稻生产的同时，利用境内丰富矿藏，大力发展冶炼业。据《子牙子》《六韬》记载，当时已有铁矛、飞钩、锤、戟、斧、刀、耒耜等铁器的制造。利用丰富的鱼盐资源，大力发展渔盐业。煮盐捕捞、向河海求利。盐是人的生活必需品，市场广阔，因而很快成了齐国的支柱产业。河海之利进一步带来了经济的发展。利用盐碱地宜种桑麻的实际，大力发展丝麻纺织、刺绣业。《论衡》记载，当时已有规模可观的纺织、刺绣手工业。利用齐国交通便利、人民有重商传统的优势，大力发展商业。

推行与别国通货的外贸政策。在这种开放的经济政策指导下，齐国制造的冠带衣履畅销天下，鱼盐流通列国，诸侯纷纷前来朝拜。其他诸侯国的人和财物纷纷流归于齐国，络绎不绝地汇聚到齐都营丘。这样，齐国由偏僻荒凉的小国、穷国，逐步兴盛发展成为雄居于东方的大国、富国。

如今繁荣的临淄太公市场

渔盐工商的蓬勃发展，不仅使齐国成为一个富庶的国度，使齐文化为中国传统文化贡献了科学技术、工艺水平、军事理论、天文知识、医学技术等宝贵财富，为中华文化树立了不可多得的工商文明的样本，更开始了中华民族勇于进取、富于幻想与激情的求知之旅，正是由齐文化发端，学者的视线才被引向了对于天人之际、古今之变奥秘的伟大探索。

重视工商的齐文化，为人类文化贡献的是因地制宜、开创进取、富国富家的智慧，在当代社会尤其带给人深刻的思考。与工商文明的需求与气质相呼应，是齐地对于学术的重视，以及在学术上的自由与包容。战国诸子百家争鸣的大舞台——稷下学宫，便是齐地工商文明在学术事业上结出的硕果。

寿光羊口盐场

"九府圜法"的货币政策 姜太公创立了中国历史上第一个货币法——九府圜法。所谓"九府圜法"。"九府"是西周掌管钱财的九个官署：太府、玉府、内府、外府、泉府、天府、职内、职金、职币。"圜法"，就是流通法。姜太公所建立的"九府圜法"，是用行政手段保证财货的均衡流通和合理出入，使钱币与布帛不断流通，聚散适宜，无积滞，无匮乏。国以之富，民以之足。

姜太公的财政经济政策和金融管理制度，不仅为周朝的经济管理、经济监督、赋税收纳、货物保藏等建立了完整、严密的管理体系、管理制度，而且为齐国的强大，为齐桓公和管仲的"九合诸侯，一匡天下"的霸业奠定了基础。姜太公的生财之道、理财之策，即开源节流之制，是富民强国之道，为万世治国兴邦之正道，万事不易之治道，故为万世法。

故事链接

成语故事：覆水难收

出自宋朝王桃的《野客丛书》。姜太公前半生穷困潦倒，不会生计。他的妻子嫌他穷，没有出息，离开了他。后来姜太公帮助周武王灭商建周，他的妻子见他又富贵又有地位，懊悔当初离开了他。便找到姜太公请求与他恢复夫妻关系。姜太公已看透了马氏的为人，不想和她恢复夫妻关系，便把一壶水倒在地上，叫马氏把水收起来。马氏赶紧趴在地上去取水，但只能收到一些泥浆。于是姜太公冷冷地对她说："你已离我而去，就不能再合在一块儿。这好比倒在地上的水，难以再收回来了！"

姜太公名言

1. 天下非一人之天下，乃天下之天下也。同天下之利者，则得天下；擅天下之利者，则失天下。——《六韬·文韬》

译文：天下不是一个人的天下，而是天下人的天下。与天下人共享天下之利的人，就能得到天下；独享天下之利的人，就会失去天下。

2. 利而勿害，成而勿败，生而勿杀，与而勿夺，乐而勿苦，喜而勿怒。——《六韬·文韬》

译文：对于百姓，让他们得利而不受害，使他们成功而不要失败，使他们生存而不要死亡，给予他们而不是掠夺，使他们幸福而不让他们受苦，让他们高兴而不是怨气冲天。

3. 全胜不斗，大兵无创，与鬼神通。——《六韬·武韬》

译文：不经过战斗就能大获全胜，以全军临敌却能完好无损，这才叫用兵如神。

拓展活动

1. 姜太公治理齐国，因地制宜地从哪些方面发展经济，使齐国成为东方的大国、富国？

2. 临淄煤炭资源发现较早，但由于过去无节制开采，现在资源已基本枯竭。实地考察参观王庄煤矿现状，思考：对于矿产资源，我们该如何有节制地开采、合理利用，做到可持续发展？

第7课　尊贤尚功

姜太公建立齐国以后，在文化上推行"因其俗，简其礼"的开明政策，促进了周文化与东夷文化的融合。在经济上倡导"农、工、商"三宝并举、"通商工之业，便渔盐之利"的工商立国战略。在政治上推行"尊贤尚功"的策略。

"尊贤尚功"是姜太公在用人问题上制定的基本国策。

姜太公被分封到齐国后，周公问他："你想用什么办法治理齐国呢？"姜太公说："把齐国那些有才能的人推举出来，委以重任，让他们带领齐国的百姓发财致富，谁干得好，就提拔谁。百姓满意了，国家就安定了。"

尊贤尚功就是选拔有才能的人做官，吸收大批当地东夷土著中的人才加入齐国统治阶层，让他们在国家建设中发挥应有的作用。对通过考核符合选贤标准的人，不分亲疏，均用其所长，最大限度地发挥他们的积极性和创造性。这一用人路线，打破了西周以血缘关系为基础的"尊尊亲亲"的正统思想束缚，举贤任能，唯才是举。

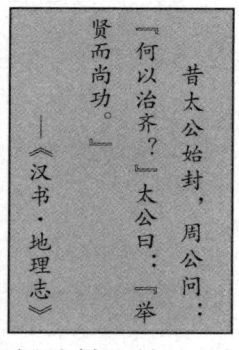

> 昔太公始封，周公问：「何以治齐？」太公曰：「举贤而尚功。」
> ——《汉书·地理志》

"尊贤尚功"　姜太公把用人提升到事关国家兴亡的高度，提出了"六守""八征""六不用"的人才理论。

1. 六守：所谓"六守"，这是姜太公选拔人才的标准。指的是仁、义、忠、信、勇、谋六个方面。《六韬·六守》记载，文王问姜太公："什么叫作'六守'呢？"太公说："我所说的六守，一是仁，二是义，三是忠，四是信，五是勇，六是谋。"文王又问："怎样才能挑选到具有这六种品德的人呢？"

太公望

太公说："给他财物，看他是否逾越礼法；给他显贵的爵位，观察他是否骄傲凌人；托付他以重任，观察他是否一心为公；任用他处理事务，观察他是否不虚伪欺骗；使他处于危险的境地，观察他是否临危不惧；派他去处理复杂的事物，观察他是否有应变的才能。富而不逾越礼法，是因为心中存有天理公心，这就是'仁'；显贵而不骄傲凌人，这就是'义'；托付他以重任而不转变心意，尽力为君主服务，这就是'忠'；诚诚恳恳办事，有所作为，丝毫也不隐瞒过失，这就是'信'；处于危险境地，面对困难而不恐惧，这就是'勇'；处理复杂的事物能随机应变，这表示他具有超出常人的智谋。以上几点，都是任用人才的方法。

2. 八征：所谓"八征"，就是姜太公举贤任能的八种考察鉴别方法。《六韬·龙韬·选将》记载，太公曰："知之有八征：一曰问之以言，以观其辞。二曰穷之以辞，以观其变。三曰与之间谍，以观其诚。四曰明白显问，以观其德。五曰使之以财，以观其廉。六曰试之以色，以观其贞。七曰告之以难，以观其勇。八曰醉之以酒，以观其态。八征皆备，则贤、不肖别矣。"

意思是：其一，询问他，让他（就军国大事）献言献策，来考察他的治军治国方略、观察他的语言表达能力；其二，不断地追问他，直到他言尽辞穷，来考察他是否思路清晰、思维敏捷，考察他的迅速应变能力和辩解应对能力；其三，采用谋略去离间他与君主、同僚等之间的关系，来观察他是否忠诚、诚实；其四，对于哪些清楚明白的道理，故意装做糊涂地去问他，（从他的回答中）来观察他的道德品行；其五，让他去掌管财物，来观察他是否廉洁；其六，用美色来试验他，观察他是否坚守贞节；其七，（在部署任务时）告诉他困难之大，来观察他是否勇敢无畏；其八，（在宴饮时）劝酒灌醉他，来观察他是否酒后失态。对上述八大特征观察完备了，那么，一个将领到底是"贤"还是"不肖"，就辨别清楚了。

3. 六不用。所谓"六不用"，就是姜太公认为有六种人不可任用：

奸佞之徒、诈取名誉的人、假公济私者、互相拆台者、结党营私者、嫉贤妒能者。

姜太公发现了人才使用的客观规律，开创了"尊贤尚功"的人才使用之先河，为后来齐国称霸称雄，位于列国至尊奠定了基础。可以说，"尊贤尚功"思想作为齐文化的精髓之一，为齐文化的形成与发展、强盛铺平了道路。

故事链接

文帝后元六年（公元前158年）冬，匈奴大举内犯，烽火直达甘泉（今陕西淳化西北），都城长安为之震动。文帝除发兵赴边抗御外，又派出三支部队保卫长安。其中，周亚夫率军屯细柳（今陕西咸阳西南），刘礼领军屯霸上（今陕西西安东），徐厉领军屯棘门（今陕西咸阳东北）。接着，文帝亲自前往这三支部队去慰劳官兵，激励士气。先到霸上和棘门，车马在兵营中随意驱驰，自由出入，大小将领均亲自迎送，殷勤备至。后到细柳，情形迥然不同，士兵都顶盔带甲，剑拔弩张，壁垒森严，一片临战气象。导驾官喝令天子驾到，命令打开营门迎驾。而营门士兵却拦住马首回答说，周将军有令："军中闻将军令，不闻天子诏。没有将令，任何人不得擅自入营！"文帝亲自出面，军士仍不予开门。文帝于是遣使持节传达一道圣旨："朕欲入营劳军。"亚夫见节后始传令开门。军门一开，守门士兵即告诫文帝随从，周将军有令："军中不得驱驰。"文帝只得遵令而行，缓辔徐行来至中军帐前。周亚夫戎装佩剑，从容出迎，拱手一揖，口称："微臣甲胄在身，不便跪拜，请以军礼相见。"文帝即按军礼规定，俯身手扶车前横木，以示对周亚夫的敬意，并派人向亚夫称谢："皇帝敬劳将军。"礼毕之后即起驾回宫。车驾一出营门，随从的大小官员不禁愤愤不平："周亚夫胆大包天，竟敢对皇帝如此无礼！"但文帝不但没有动怒，反而一路赞不绝口："周亚夫才是真将军啊！若像霸上、棘门军那样，拿军纪当儿戏，军营可以自由出入，万一遭受袭击，岂不都要当了敌人的俘虏？你们看这细柳营中，营规如此森严，连我都不能随意出入，敌人又如何能进犯呢！"从此以后，周亚夫深得文帝赏识。

中华传统文化

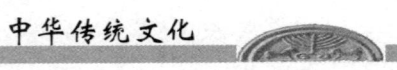

一个多月后，匈奴军撤退出境，汉军也一一撤防。周亚夫则被晋升为中尉，统领京师卫队，负责长安的警备。次年，文帝病危，临终前告诉太子（即景帝）说，国家一旦有危难，即可依赖周亚夫统率军队。景帝即位后，遂拜周亚夫为车骑将军。后来，吴、楚七国发动叛乱，周亚夫果然不负众望，率领军队迅速平定叛乱，为西汉王朝的巩固和统一立下了不朽的功勋。

拓展活动

想一想

1. 姜太公"尊贤尚功"的用人政策，有哪些具体措施？
2. 姜太公"尊贤尚功"的用人政策，在反腐倡廉的今天，在党政领导干部选拔任用方面有什么现实意义？

第8课　兵权奇计

姜太公是我国商周之际杰出的政治家、军事家，是西周文、武、成王三代的主要政治、军事宰辅，史称其"佐天子为圣臣，治邦国为圣君"，为西周王朝的建立和巩固立下了卓著功勋；同时，他也是春秋战国时代最强大的封国之一——齐国的开国始祖。姜太公的政治思想和军事谋略，对中国古代政治文化和军事文化的形成和发展产生过巨大的影响。

韬略鼻祖　姜太公作为中国韬略鼻祖、千古武圣，其韬武略、经国治军，理民化俗之论、之策、之术，都为后人奠定了良好的基础，并为华夏民族所称颂、效法。

有关姜太公军事思想的著作有《六韬》《阴符经》《太公兵法》《太公金匮》等，但现存甚少。《六韬》作为中国古代伟大的军事著作，在宋代被列为《武经七书》之一，作为武学教本，成为武将们必读的兵书。

《六韬》

《六韬》是一部以周文王、周武王与姜太公对话的形式写成的谈论治国与用兵之道的兵书，所论话题广泛涉及政治、军事、哲学等各个领域，包括《文韬》《武韬》《龙韬》《虎韬》《豹韬》和《犬韬》六篇。

兵权奇计　综观太公一生的建树，在军事、政治、经济思想等方面，都有卓越贡献，其中尤以军事最著，所以太史公言"后世之言兵及周之阴权皆宗太公为本谋"，称得上兵家之鼻祖，军事之渊薮。

姜太公的军事思想是在辅周灭商的战争实践中发展和成熟起来的，包含了博大丰富的内容，概言之，可以分为以下几个方面。

一、兵为凶器

《六韬·武韬·兵道》中，姜太公说："故圣王号兵为凶器，不得已而用之。"太公视"兵为凶器"，认为战争是吞噬人民生命财产的怪物，只有在万不得已的情况下才可以发动战争。这是一种相当进步的战争观，与他政治上的"爱民"思想可以说是一脉相通。

太公铜像

二、注重文伐，不战而胜

姜太公论兵，极重谋略，追求不战而胜的至高境界。而获得不战而胜效果的最重要的手段就是"文伐"。所谓"文伐"，就是"以文事伐人，不用交兵接刃而伐之也"（《武经七书汇解》），也就是以非军事的手段分化和瓦解敌人。在《武韬·文伐》中，姜太公提出了十二条"文伐"的计谋，主要是：因其所喜，以顺其志；亲其所爱，以分其威；阴赂左右，得其深情；辅其淫乐，以削其志；严其忠臣，而薄其赂；收其内，间其外；欲锢其心，必厚赂之；赂以重宝，因与之谋；尊之以名，无难其身；下之必信，以得其情；塞之以道，迷其耳目；养其乱臣以迷之。这十二条"文伐"之计，可以说是姜太公谋略的典型体现。

三、论将之道

姜太公非常重视军事将领的重要性。姜太公认为将有"五材""十过"。"所谓五材者，勇、智、仁、信、忠也。"所谓十过者："有勇而轻死者，有急而心速者，有贪而好利者，有仁而不忍人者，有智而心怯者，有信而喜信人者，有廉洁而不爱人者，有智而心缓者，有刚毅而自用者，有懦而喜任人者。"

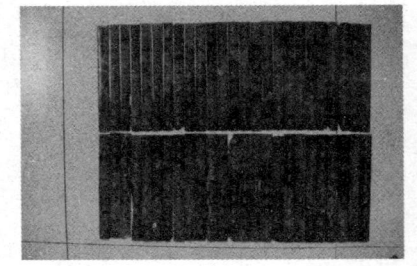

战国六韬虎韬和田玉简

在《龙韬·选将》中，姜太公又提出了选将的方法。他先向武王列举了十五种外貌与内情不一致的情况，认为选将不应以貌取人，而应进行深入的求证。求证的办法有八种，即"八征"："问之以言以观其辞""穷之以辞以观其变""与之间谍以观其诚""明白显问以观其德""使之以财以观其廉""试之以色以观其贞""告之以难以观其勇""醉之以酒以观其态"。通过这八个方面的求证，"则贤、不肖别矣"。姜太公认为为将应该注意树立威严，同时还应该以身作则，与士卒同甘共苦。

银雀山汉墓竹简

四、兵为诡道，出奇制胜

姜太公认为，战争行为是崇尚诡诈和谋略的，应该运用灵活的战略战术。他认为只有善于在奇正虚实之间灵活转换，施奇谋，用奇兵，出其不意，攻其不备，才能克敌制胜，达到最好的效果。所以，他还在《龙韬·奇兵》中，具体论述了二十六种运用奇兵的方法。

五、抓住战机，时至不疑

姜太公特别强调在战争过程中应该善于抓住战机，并果断地采取行动。他认为在战争中，最忌犹豫不决，狐疑不定。善于作战的人，面对稍瞬即逝的战机，一定能够准确把握，果断出击。如果贻误战机，反而会给自身带来灾难。所以在《犬韬·武锋》中，姜太公特别列举了十四种可以克敌制胜的有利战机。武王出征伐纣之前，因为占卜不吉和风雨暴至而使群臣恐惧的关键时候，姜太公正是看准了伐纣的时机已经到来，不可贻误，所以才坚决主张出兵，最终取得胜利。

牧野之战要图

六、兵农合一，寓兵于民

姜太公认为人民群众甚至是农耕器具都可以在战争中发挥巨大的作

用。他说:"战时的攻战守御器材,实际上全在平时人民生产生活的工具中。耕作用的耒耜,可用作拒马、蒺藜等障碍器材;马车和牛车,可用作营垒和蔽橹等屏障器材;锄耰等农具,可用作战斗的矛戟;蓑衣、雨伞和斗笠,可用作战斗的盔甲和盾牌;钁、锸、斧、锯、杵、臼,可用作攻城器械;牛马,可用来转运军粮;鸡狗,可用来报时和警戒;妇女纺织的布帛,可用于制作战旗;男子平整土地的技术,可用于攻城作业;春季割草除棘的方法,可用为同敌战车骑兵作战的技术;夏季耘田锄草的方法,可用为同敌步兵作战的技巧;秋季收割庄稼柴草,可用作备战的粮秣;冬季粮食堆满仓库,就是为战时的长期坚守作准备;同村同里的人,平时相编为伍,就是战时军队编组和管理的依据;里设长吏,官府有长,战时即可充任军队的军官;里之间修筑围墙,不得逾越,战时即是军队的驻地区分;运输粮食,收割饲料,战时就是军队的后勤储备;春秋两季修筑城郭,疏浚沟渠,如同战时修治壁垒沟壕。所以说,作战的器具,全寓于平时的生产生活之中。"这可以说是最早的关于兵农合一、寓兵于民的军事思想。

> 原文:"战攻守御之具尽在于人事。耒耜者,其行马蒺藜也;马、牛、车、舆者,其营垒、蔽橹也;锄耰之具,其矛戟也;蓑薛簦笠者,其甲胄干盾也;钁、锸、斧、锯、杵、臼,其攻城器也;牛马,所以转输粮用也;鸡犬,其伺候也;妇人织纴,其旌旗也;丈夫平壤,其攻城也;春钹草棘,其战车骑也;夏耨田畴,其战步兵也;秋刈禾薪,其粮食储备也;冬实仓廪,其坚守也;田里相伍,其约束符信也。里有吏,官有长,其将帅也;里有周垣,不得相过,其队分也;输粟收刍,其廪库也。春秋治城郭、修沟渠,其堑垒也。故用兵之道,尽在于人事也。"
> (《六韬·农器》)

流风余韵 姜太公作为一个杰出的军事谋略家,其军事思想对后世产生了极其重大的影响。司马迁说,"后世之言兵及周之阴权,皆宗太公为本谋",可以说是肯定了姜太公作为中国兵家始祖的地位。姜太公的军事思想对齐国的影响最深,使得中国古代的兵学历来都以齐国为最。

先秦时代，中国最杰出的军事家大部分都出于齐国，如管仲、司马穰苴、孙武、孙膑、田单等；最杰出的军事著作也都出于齐，如《司马法》《孙子兵法》《孙膑兵法》等，其中《孙子兵法》更是一部震古烁今、产生世界性影响的军事巨著。而一些深受齐国兵学影响的非军事学者如晏子、荀子等也都熟谙兵道，喜论兵法，所以《晏子春秋》《荀子》中也都有论兵的重要内容。这一切，可以说都是源自姜太公的流风余韵。秦汉以降的历代兵家如张良、曹操、诸葛亮、李靖等人，也都从姜太公军事谋略中获得教益，得到启发。此外，后代也有很多人伪托姜太公之名撰写兵书兵法，以致种类繁多，乱花迷径，难以考辨，成为一种独特的文化现象。凡此种种，都表明了姜太公在中国古代兵学史上占有崇高的地位。

拓展活动

1. 姜太公的兵权奇计包括哪几个方面？结合所学，谈谈自己的看法。
2. 搜集与姜太公相关的小故事，课下与同学分享交流一下。

参考文献：

1. 姜国柱：《姜太公评传》，国防大学出版社1999年版。
2. 王志民主编：《齐文化概论》，山东人民出版社1993年版。
3. 徐树梓主编：《姜太公与齐国军事文化》，齐鲁书社1997年版。
4. 司马迁：《史记·齐太公世家》。
5. 《姜太公略传》

活动探究

齐文化的产生

任何事物都不是凭空产生的，又都有其形成的过程。齐文化的源头在哪里？齐文化是怎样形成的？齐文化形成的主要标志是什么？请同学们用现代人的眼光去审视姜太公封齐建国的那一段历史所蕴藏着的丰富的文化内涵，发表属于同学们自己的见解。

活动目标

1. 初步掌握、搜集、整理有关历史资料的途径与方法。
2. 锻炼对历史材料进行筛选、归纳形成观点的能力和用历史材料支持自己的论点的论证能力。
3. 提高演说能力。

活动准备

个人依据给出的参考题目确定演讲题目或围绕本课的主题自主确立演讲题目。搜集、整理、筛选、归纳相关资料，形成自己的观点。列出演讲提纲，并写出演讲稿。

活动过程

1. 以小组为单位进行演讲预赛。每组推荐一名同学参加班级内的演讲决赛。该同学参考本组同学演讲中的观点和材料,进一步修改自己的演讲稿。

2. 班级演讲决赛。每小组选派一名同学和老师一起组成评委,评选出"写作优胜奖"和"演奖优胜奖",并宣布评比结果。

3. 老师对演讲比赛作总结和评价。

4. 整理保存演讲资料。

活动记录

组别	得分1	得分2	得分3	得分4	得分5	最后得分

第三单元

齐文化的发展

经过近四百年的发展，齐文化进入了成熟期。到齐庄公、僖公当政时期，进一步发挥了这些优势，聚天下人才，开富国之源，使齐国经济迅速发展繁荣、国势更加强盛。强大的国力、繁荣的经济，促进了齐文化的进一步发展。《诗经·国风·齐风》就是对这一时期齐文化的一个写照。

第9课　主盟诸侯

吕氏齐国自太公姜尚之后，十二传至齐庄公。其间，齐纪交恶，哀公被烹；胡献构怨，内壁操戈。内乱迭起，外患杂错、民不聊生，国无宁日，庄僖继位，方现转机。庄公在位六十四年，僖公当政三十三载，父子连续治齐近百年之久。政局相对稳定，元气渐复，国力日增。征伐异国，主盟诸侯，史称庄僖小霸。

庄僖即位　齐庄公吕购，他的父亲是齐国第十一任国君吕脱。齐成公死后，其儿子吕购继承君位，为齐庄公。齐庄公继位之彰，齐国内廷动荡不安，曾两度迁都（薄姑、临淄），使得齐国元气大伤。他继位后，吸取了前代的经验教训，消除内部矛盾，致力于经济发展，以稳定的政策使齐国得以繁荣，人民得以安居乐业，国力得以强盛起来。齐庄公六十四年（庚戍，公元前731年），在位六十四年的齐庄公死，其儿子吕禄甫继承君位，为齐僖公。

齐郑结盟　齐僖公即位后，采取灵活的外交政策，首先与春秋初年较为强盛的郑国联合。公元前720年冬天，齐、郑在石门（今山东省长清县西南约七十里）会盟，确立了两国的盟约。联盟之后两国互相支持，互相协助。齐国给郑国解除了极大的困境，郑庄公为了感谢齐僖公，于公元前715年8月，以周王朝卿士的身份引荐齐僖公朝见周天子，这在当时是非常重要的礼仪待遇，也正是齐僖公表达尊王主张的机遇，他尽量表现了尊王姿态。

齐鲁结盟 齐国联合的第二个国家就是鲁国。鲁国是最尊从"周礼"的诸候国,与周王室的关系不同一般,是周天子在东方的代表。齐国要打尊王的旗帜就要与鲁搞好关系。齐僖公十四年(公元前717年)齐、鲁两国在艾地(今山东省沂源西南)会盟,结成友好。过了一年,齐僖公又派他的弟弟夷仲年到鲁国访问,以巩固在艾地结成的同盟。公元前709年,鲁桓公聘齐僖公之女文姜为夫人,在嬴地行纳币定婚礼。这些行动清楚地表明了齐僖公为了称霸而主动巩固与鲁国的结盟。

嘉祥汉画 南武山画像第二石;第一层刻西王母;第二层刻周公辅成王;第三层刻崔杼弑齐庄公;第四层刻车骑。

小霸已成 已经与齐国结成同盟的郑国,与宋、卫、陈、蔡等国不和睦。齐僖公认为中原诸侯不团结,只能分散力量,给戎狄的侵犯造成可乘之机,遂努力争取使他们和好。齐僖公十六年(公元前715年),瓦屋(今河南省温县北)会盟,齐僖公主持了这次会盟,使郑、宋、卫等国之间连续攻伐的局面结束。这次结盟标志着齐、郑、鲁、卫、宋五国同盟的建立。齐僖公成功组织五国瓦屋结盟,充分表现了他杰出的外交才能,从而一举奠定了齐国春秋小霸的地位。

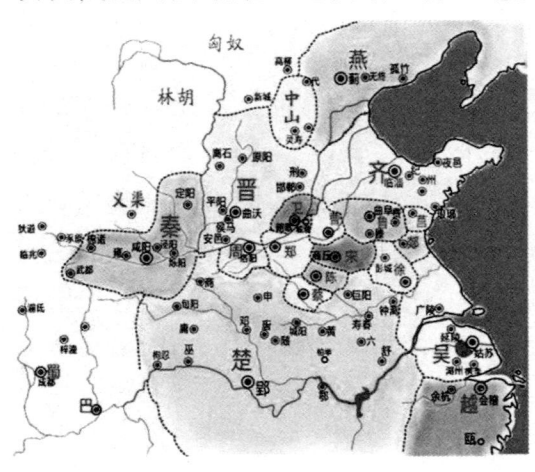

霸主稳固 齐国创成小霸,就有义务维护盟国间的团结,调解诸侯间的纷争,只有这样,才能巩固自己的盟主地位。

春秋初各诸侯国形势图

首先是征伐了那些不尊王的诸侯国。公元前713年，齐、鲁、郑在邓地（今河南省邓州市）结盟，出兵伐宋，后又伐成。公元前712年，齐、鲁、郑又伐许。其次平定内乱。公元前710年春，宋国发生内乱，太宰华督杀了大司马孔父嘉和宋殇公，并立公子冯为庄公。齐、郑、鲁、陈在稷（今河南省商丘县境内）会盟，承认了这一事实，决定不出兵干涉。第三是攘夷。即团结中原各国，共同对付戎、狄等外族的蚕食和侵略。公元前706年，北戎进犯齐国，齐僖公为了有把握取胜，首先向力量较为强大的郑国求援，同时也向其他盟约国求援。郑国太子忽率军前来救援。齐、郑两军把北戎打得大败，俘虏了北戎的两个主帅大良和少良，还活捉了甲首三百。

此间，虽然征伐战争频繁，但均在齐国本土以外，故对于齐国国内相对稳定的局面，没有多少影响，因此，齐国仍然可以保持发展势头，经济日益繁荣，国家日益强盛。直到齐僖公去世，留给其子齐襄公的仍然是一个富强的、居于盟主地位的强国。

历史意义 庄僖小霸，不仅是桓公首霸的前奏，也是春秋争霸的序曲。结盟是创霸的必由形式，而庄、僖便是春秋时期第一个盟会诸侯的君主，齐郑卢地会盟，时间早于《春秋》纪事便是佐证。对比兴盛后便忙于争土扩疆的其他诸侯国，齐庄、僖父子，蓄国力，尊王室，联诸侯而创小霸，不能不说是诸候君主之佼佼者，更重要的是，小霸的出现为诸侯争霸创了先例，为桓公称霸起到了积累经验奠定基础的作用，从这个角度看，其历史功不可没。

故事链接

螳臂当车

春秋时，齐国的国君齐庄公，有一次坐着车子出去打猎，忽见路旁有一只小小的虫子，伸出两条臂膀似的前腿，要想来阻挡前进中的车轮。庄公问驾车的人："这是一只什么虫子？"驾车的人答道："这是一只螳螂，它见车子来了，不知赶快退避，却还

中华传统文化

要来阻挡，真是不自量力！"庄公笑道："好一个出色的勇士，我们别伤害它吧！"说着，就叫驾车的人车子靠边，让开它，从路旁走过去。这件事情很快就传开了。人们都说庄公敬爱勇士。便有好多勇敢的武士，纷纷来投奔他。但是，"螳臂当车"作为一句成语，却并不比喻出色的勇士，而是比作自不量力的可笑人物。

拓展活动

思一思

1. 齐僖公是怎样一步一步实现齐国小霸的？
2. 自己利用网络等媒体，搜集一下齐庄公的小故事，在班内进行交流。

第10课 《齐风》齐韵

《诗经》是汉族文学史上第一部诗歌总集。对后代诗歌发展有深远的影响,成为中国古典文学现实主义传统的源头。《国风·齐风》,《诗经》十五国风之一,为先秦时代齐地汉族民歌,共十一篇。

《诗经·齐风》　《齐风》是指《诗经·国风》中的内容。齐,本是西周初姜尚的封国,后又兼并了许多小国,是春秋时期的一等大国,其领土大致包括今山东的昌潍、临沂、惠民、德州、泰安等地区以及河北沧州地区的南部。"齐风"就是这个区域的诗。

齐国地大物博,盛产鱼、盐,纺织、刺绣等手工业很发达,人口分布也较他国稠密。自太公姜尚历十五世,至齐桓公时(前685年即位),称霸于天下。其后再传十四世,政权落入新贵田氏手里,仍号为齐国。

在"齐风"中半数以上也是关于婚娶和爱情的诗,其余几首或是反映人民对沉重劳役的不满;或是揭露齐襄公与其妹文姜通奸的丑行;或是描写田猎和射技等。

"齐风"除少数讽刺齐襄公的诗可知作于公元前697年至公元前683年,其余的诗年代多不可考。

齐风十一　言及"齐风",一般与齐俗并提,称为"齐风齐俗"。齐风和《齐风》是两个不同的概念。现代汉语词典对"风"字的解释有多种意义，其中之一义，"风"即指风俗，风气。而《诗经·国风》中的《齐风》是齐国的民歌。《诗经》中的"风"，又称"国风"，即指当时诸侯国所辖各地域的乐曲，实际上也就是指相对于当时周天子的京都而言的各地方的土乐，犹如我们现今所说的地方俗曲，各地的地方小调。《诗经》中共有十五国风，《齐风》是其中之一，共有十一篇，包括：《鸡鸣》《还》《著》《东方之日》《东方未明》《南山》《甫田》《卢令》《敝笱》《载驱》《猗嗟》

《毛序》说："《著》，刺时也。时不亲迎（yìng）也。"其实，这是一首新郎迎娶的诗，描写了新娘喜悦兴奋而手忙脚乱的喜庆气氛。

齐风齐韵 齐国社会生活现实之景，正是《齐风》所产生的根由。《齐风》反映的"现实之景"，大致而言，主要体现于婚恋、田猎、夷俗仁、乐舞等方面。通过这些方面，而窥齐俗之一斑。而透过齐俗，亦可察观齐国之"现实之景"。

从内容上看，《诗经》中的《齐风》表现了以下几个内容：第一，爱情诗。《鸡鸣》《著》《东方之日》《甫田》都是写男欢女爱的爱情诗。作为来自民间里巷的"国风"，描写风土人情，表现民间的悲欢离合，就更多爱情诗了。第二，狩猎诗。此类诗有《还》《卢令》两首。狩猎，在春秋时代，不仅是统治者的一种娱乐，也是民众的一种劳动。狩猎诗不仅是一种劳动生活的反映，而且更多的是一种尚武精神的体现，《齐风》中反映尚武精神的还有一首《猗嗟》。第三，讽谏诗。《东方未明》反映了奴隶主对奴隶的残酷奴役以及奴隶对繁重劳役的强烈不满。《南山》《敝笱》《载驱》则是揭露齐襄公荒淫无耻的生活的。这些诗歌

表现了很强的思想性和艺术性。

故事链接

齐大非偶

齐大非偶，原意是齐国是个大国，而郑国是个小国，郑国不宜和齐国结为婚姻。现在一般指门不当，户不对，不敢高攀。

齐僖公时期，齐国北部边境经常遭到北戎（在今河北迁安县一带）进犯，南方楚国也对齐国虎视眈眈。齐僖公为免受腹背受敌之祸，与当时强大的郑国结盟。齐僖公想把女儿文姜许给郑国太子忽做妻子，与郑国成为亲家。可是太子忽不愿意，他说："齐国太强大，它的国君的女儿，不是我适合的对象，《诗经》说自己应该追求自己的幸福。"

公元前706年，北戎侵犯齐国。齐僖公请求郑国出兵援救。太子忽率军去援助齐国。忽作战十分勇敢，部队战斗力很强，一下子把北戎打得大败，歼灭了三百多名甲首，俘获了大良、少良两位元帅，交给了齐国。太子忽帮齐国打了胜仗，齐僖公又派人到郑国提亲。忽坚决拒绝说："在齐国没有大事的时候，我尚且不答应；现在我奉主之命援助齐国，救了燃眉之急，如果我结了婚回去，人们岂不认为我率兵出征是为了娶妻吗？"忽终于辞谢了这门亲事。

拓展活动

访一访

请同学们利用周末时间，到周围村镇转一转，拜访一些村里的老人，听他们讲一些发生在我们齐国的有趣故事，了解齐风齐俗，搜集民间流传的齐地民歌，用心感受齐国的悠久历史。

第四单元

齐文化的勃兴

齐国在齐桓公尊王攘夷之后，齐国的地位更加稳固，俨然成为春秋时期的东方大国，为齐文化的勃兴提供了政治保证；姜太公和管仲等人的化礼成俗，制订诸多实现礼的措施，以礼来约束国人，为齐文化的勃兴提供了文化的保证；姜太公及管仲等人根据齐国实际，施行农工商并行的政策，尤其鼓励工商业，为齐文化的勃兴提供了有力的物质保障。由此，齐国得以开创霸政，并有《管子》《考证》等著作问世，这些著作成为齐文化乃至整个中华文化的璀璨明珠。

第11课　尊王攘夷

"尊王攘夷"原意是尊奉周王为中原之主，抵御北方游牧民族。后来成为面对外族入侵时，结成民族统一战线的同义词，此词源自春秋时代，最早见于《春秋公羊传》，"中国不绝若线。桓公救中国，而攘夷狄"。后来演化为具备复杂含义的政治术语，在中国、日本、朝鲜半岛等地区的历史上发挥着重要作用。

> 《春秋公羊传》：儒家经典之一，上起鲁隐公元年，止于鲁哀公十四年，与《春秋》起讫时间相同。相传其作者为子夏的弟子，战国时齐人公羊高。起初只是口说流传，西汉景帝时，传至玄孙公羊寿，由公羊寿与胡毋生一起将《春秋公羊传》著于竹帛。

尊王攘夷　所谓"尊王"就是尊重周王室，承认周天子作为天下共主的地位；"攘夷"则是联合中原各个诸侯中的力量，共同抵御北方游牧部落的进攻和阻遏楚国向北发展的势头。当然，这实际上是利用天子的名义来号令其他诸侯，以称霸于中原。齐桓公通过举出"尊王攘夷"的旗号，奠定了齐国在中原地区的霸主地位。

发生背景　周朝，自平王东迁以后，周天子权威大大减弱，诸侯国内的篡权政变和各国之间的兼并战争不断发生。与此同时边境族群趁机入

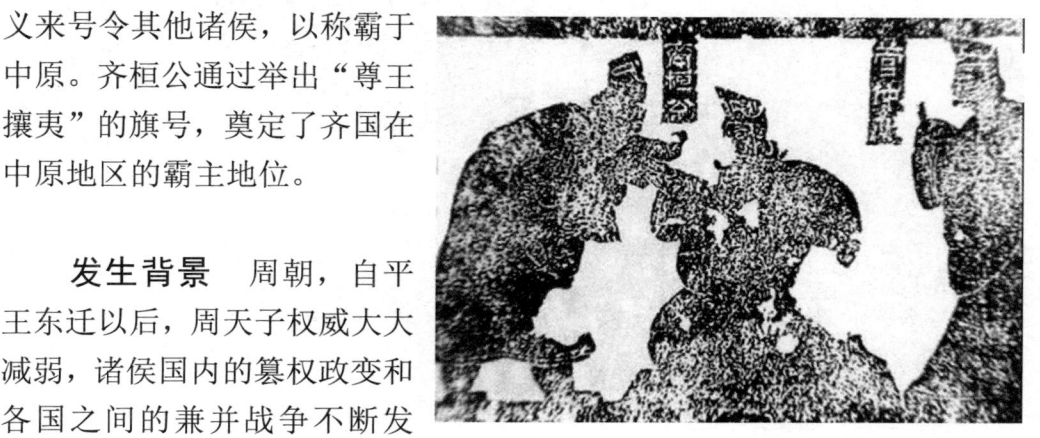

齐桓公与管仲：桓公问政图

中华传统文化

侵，华夏文明面临空前的危机。

春秋时期齐桓公执政以来，在管仲的辅佐下，经过了内政、经济、军事等多方面改革，有了雄厚的物质基础和军事实力，适时打出了"尊王攘夷"的旗帜，以诸侯长的身份，挟天子以伐不服。尊崇周天子，并数次发动帮助诸侯国攘斥夷狄战争而大获赞赏，其事迹被后世称为"尊王攘夷"。

重回现场"尊王" 公元前655年，周惠王有另立太子的意向。齐桓公会集诸侯国君于首止，与周天子盟，以确定太子的正统地位。次年 管仲、齐桓公因郑文公首止逃会，率联军讨伐郑国。数年后，齐桓公率多国国君与周襄王派来的大夫会盟，并确立了周襄王的王位。公元前651年，齐桓公召集鲁、宋、曹等国国君及周王宰孔会于葵丘。周公宰代表周王正式封齐桓公为诸侯长。同年秋，齐桓公以霸主身份主持了"葵丘会盟"。此后遇到侵犯周王室权威的事，齐桓公都会过问和制止。

鲁僖公四年（公元前656年），齐桓公率领诸侯进入楚国，质问楚国为何不按时向周天子进贡祭祀所用的茅草而导致祭祀大典无法及时进行，使得楚国承认自己的错误。鲁僖公九年（公元前651年），齐桓公召集各路诸侯召开葵丘之盟，提出"尊周室，攘夷狄，禁篡弑，抑兼并"，周襄王派宰孔参加，并赐王室祭祀祖先的祭肉给齐桓公。

葵丘会盟之地

"葵丘会盟"：春秋时期，诸侯大国争霸，兼并战争频仍。公元前651年，齐桓公在葵丘大会诸侯，参加会盟的有齐、鲁、宋、卫、郑、许、曹等国的国君，周襄王也派代表参加，对齐桓公极力表彰。这是齐桓公多次召集诸侯会盟中最盛大的一次，标志着齐桓公的霸业达到顶峰，齐桓公成为中原的首位霸主。

"攘夷" 公元前664年，山戎伐燕，齐军救燕。公元前661年，狄人攻邢，齐桓公采纳管仲"请救邢"的建议，打退了毁邢都城的狄兵，并在夷仪为邢国建立了新都。次年，狄人大举攻卫，卫懿公被杀。齐桓公率诸侯国替卫国在楚丘另建新都。经过多年努力，齐桓公对楚国一再北侵进行了有力的回击，到公元前655年，联军伐楚，迫使楚国同意进贡周王室，楚国也表示愿加入齐桓公为首的联盟，听从齐国指挥，这就是召陵之盟。伐楚之役，抑制了楚国北侵，保护了中原诸国。

桓公二十三年（公元前663年），山戎攻打燕国，燕向齐求救，齐桓公救燕。桓公二十五年（公元前661年），山戎攻打刑国，管仲提出"戎狄豺狼，不可厌也；诸夏亲昵，不可弃也"。齐桓公再次发兵攻打山戎以救邢国。

> 邢国：商周时期的古国。西周为周公第四子的封国，地在今河北省邢台市。周成王所封，姬姓，侯爵。先后传二十世，历五百余年。疆域主要在太行山以东，滹沱河以南，漳河以北，故黄河以西，包含今邢台市全部、石家庄南部、邯郸大部及衡水、临清之一隅，面积约三万平方千米的地域，邢国在当时我国北方占有重要地位，是西周初分封的五十三个姬姓封国之一。

影响及评价 孔子说："桓公九合诸侯，不以兵车，管仲之谋也"。（《论语·宪问》），在以管仲为谋主的桓公霸业中，重视运用和平联盟战略达到军事战略的政治目的，不战而胜称霸诸侯，其最显著的特征就是倡导共生共赢的和平联盟，通过与诸侯各国结成利益共生链，昭示尊王攘夷维护周礼的道义信誉，改善国际环境，发展经济、政治、军事力量，增强综合国力，又以强大的综合国力特别是强大的军事力量为和平联盟的坚强后盾，兼弱攻昧，胜一服百，使诸侯畏威怀德，向心亲附，从而不动

管仲：前719年—前645年

用兵车而达到"正天下"、霸诸侯的政治目的。另一方面，一些诸侯以尊王的名义互相讨伐争战，称霸称雄。东周历史上出现了春秋五霸、战国七雄。这属"尊王"或者假借"尊王"名义扩张自己利益的行为，但并非攘夷，而是华夏诸侯国之间的内战。诸侯争霸的行为，正是孟子所说的"春秋无义战"。

拓展活动

找一找

1. 搜集相关资料，结合当前实际，请你谈一谈"尊王攘夷"的策略是否过时？若果没有，那对当代世界局势有何启示？

2. 淄博临淄的管仲纪念馆保存了诸多历史文化资源，实地去参观一下，走进这位春秋时期伟大的政治家。

第 12 课　化礼成风

齐国是"功冠群公"的西周王朝开国功臣姜太公的封国，姜太公的祖先伯夷辅佐虞舜，制礼作教，创立以礼治国的制度。太公封齐，简礼从俗，成为齐国传承不废的治国之道。管仲辅佐齐桓公治齐，也将礼义廉耻作为维系国家的擎天之柱，张扬礼义廉耻道德教化的重要性，在齐国呈现出了"化礼成俗"的景象。

开端——太公简礼从俗　周王朝定鼎，武王封赏功臣谋士，师尚父姜太公凭着在兴周灭纣中的首功被封于齐，太公封齐，是武王与太公靖边安周的重大决策之一。当时，齐国地方国林立，势力强盛，其中实力强大者不下十余国，如莱国、杞国、谭国、蒲姑国、奄国，还有熊国、夷维等国，这些地方邦国世居东夷，繁衍生息，根深蒂固，又因他们的居地犬牙交错，而且广交天下，形成了宽缓阔达、尚武崇仁、重地自信的民族性格。殷商曾多次征讨，均未能臣服他们。由于他们不附中原已久，周朝建立以后，他们也仍然因疑忌周王朝的征讨而与周对立不附，这样周王朝的东部边境就难于安宁。

姜太公：约公元前 1156 年—约公元前 1017 年

但太公来到此处，对此棘手的五百里封地，五个月使之安定，周公十分惊讶问他是如何做的，太公回答说："尊贤尚功，因俗简礼，凡是有德有能的人，不管民族同异，愿为齐出力的，均安排合适的位置，让他们发挥应有的作用；对东夷传统礼俗，允许沿袭使用，若有改变，也是向利于民的方向发展。所以很快就得到士民们的拥护，实现了朝野归心。"周公

中华传统文化

听了太公的话，感慨地说："为政简易，便民顺情行政，民人自然乐于接受并为之效力，鲁国的后代恐怕要面北朝齐了。"

> 周公，姓姬名旦，是周文王第四子，武王的弟弟，曾两次辅佐周武王东伐纣王，并制作礼乐。因其采邑在周，爵为上公，故称周公。他是西周初期杰出的政治家、军事家、思想家、教育家，被尊为"元圣"和儒学先驱。

周公：约公元前 1100 年

发展——管子化礼成俗

齐国立国之初，"因其俗，简其礼"，重武轻文，忽视礼义。这种状况严重影响了当时社会政治秩序的稳定。国无君臣之礼，弑君之事频繁发生。因此，管仲仕齐期间，吸收周礼文化，强调礼制，把礼看作区分贵贱的标志，认为即使以前是贵人，如果不修礼，也会重新变贱："贵而无礼者复贱。"管子特别强调君臣之礼："君臣之礼，父子之亲，覆育万人。"并认为君臣之间只有以礼相守，国君的位子才能稳固："礼不节，义不自进，廉不蔽恶，不从枉。故不节则上位安。"（《管子·牧民》）"礼、义、廉、耻不立，人君无以自守也。"（《管子·立政》）他把守礼与国家兴亡联系在一起，认为只有遵守礼的规定性，国家才能长治久安，把礼义与廉耻紧密结合，并将礼作为调节人际关系的重要手段，更把这四者上升到治国纲纪的高度，称"国之四维"，说："四维不张，国乃灭亡。"他认为，做

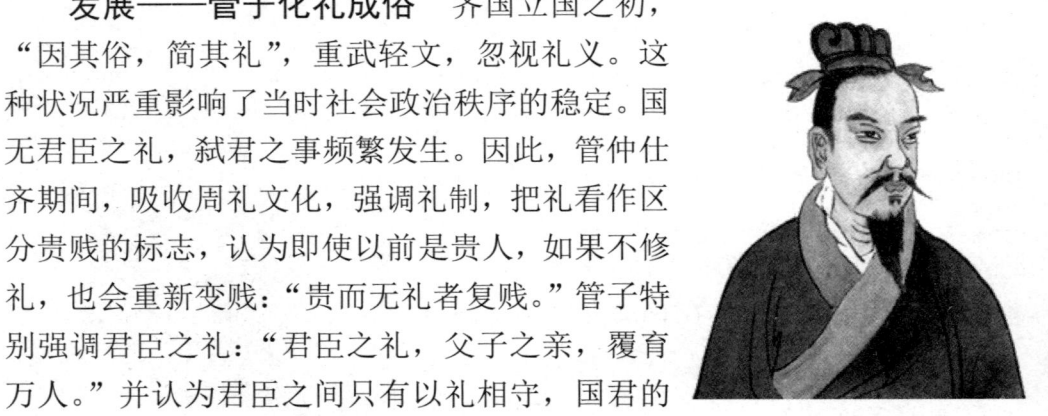

管仲：前 719 年—前 645 年

事要想成功，必须重礼。对于国君来说，要想成就霸业，也必须把礼放在非常重要的位置；管子在强调重礼和尊君的同时，非常重视国君的身体力行。

礼在管仲的思想体系里，放在一个非常重要的位置，他作为一国的行政主管，为了实现礼，制订了诸多实现礼的步骤，终使齐国从一个混乱无秩序的状态，变成了一个东方强国。

国之四维：《管子·牧民》："国有四维，一维绝则倾，二维绝则危，三维绝则覆，四维绝则灭。……何谓四维。一曰礼，二曰义，三曰廉，四曰耻，礼不逾节，义不自进，廉不蔽恶，耻不从枉。故不逾节则上位安，不自进则民无巧诈，不蔽恶则行自全，不从枉则邪事不生。"

"仓廪实而知礼节，衣食足而知荣辱"：出自春秋时期辅佐齐桓公成为第一霸主的管仲之口，在《管子·牧民》的原文里是"仓廪实则知礼节，衣食足则知荣辱"。西汉史学家司马迁在《史记·管晏列传》的引文中改动了一个字："则"改成了"而"，就有了为后世津津乐道的"仓廪实而知礼节，衣食足而知荣辱"。

影响——孔子之礼 圣人孔子十分重礼，以《论语》为例，书中"礼"字出现了七十四次，从不同角度讲了"礼"的重要性。而孔子关于"礼"的观点也或多或少受到了管仲影响。

管仲早于孔子一百八十年，孔子对管仲的了解主要来自三个方面。一是从历史文献中，管仲是春秋时五霸之首齐国的大相国，是当时社会令人关注的大人物，孔子注重研究历史，对关于管仲的文献肯定读了不少。二是地域因素。孔子出生的鲁国与齐国紧邻，到孔子时，齐国仍很强大，管仲的思想仍在影响着齐国，这不能不引起孔子的关注。三是来自民间的流传。人民很敬仰这位伟大的人物，有关管子的传说，在当时齐鲁流传很广，孔子也可以从这个渠道了解管子的思想境界，如孔

子曾客观地批评管子不够节俭，说"管氏有三归，官事不摄，焉得俭？"证明孔子对管子的了解很深。

孔子讲："君君、臣臣、父父、子子。"公曰："君不君，臣不臣，父不父，子不子，虽粟，吾得而食诸？"（《论语·颜渊》）而管仲讲"君不君，则臣不臣，父不父，子不子，上下不合，令乃不行"（《管子·形势》）。管仲先于孔子，这句话从语气到表达的含义都是相近的，不能不说是管仲对其的深刻影响。

孔子：公元前551年—公元前479年

故事链接

周公敬贤礼士

武王去世，成王幼小，尚在襁褓之中。周公怕天下人听说武王死而背叛朝廷，就登位替成王代为处理政务，主持国家大权。管叔和他的诸弟在国中散布流言说："周公将对成王不利。"周公就告诉太公望、召公奭（shì，式）说："我之所以不避嫌疑代理国政，是怕天下人背叛周室，没法向我们的先王太王、王季、文王交代。三位先王为天下之业忧劳甚久，现在才刚成功。武王早逝，成王年幼，只是为了完成稳定周朝之大业，我才这样做。"于是终究辅佐成王，而命其子伯禽代自己到鲁国受封。周公告诫伯禽说："我是文王之子、武王之弟，成王之叔父，在全天下人中我的地位不算低了。但我却洗一次头要三次握起头发，吃一顿饭三次吐出正在咀嚼的食物，起来接待贤士，这样还怕失掉天下贤人。你到鲁国之后，千万不要因有国土而骄慢于人。"

拓展活动

1. 假如孔子穿越到管仲生活的时代，推想一下他们就"化礼成俗"会谈论什么？发挥你的想象，设想一下当时情景，重回历史现场，当一次孔子和管仲。

2. 赵普曾说"半部《论语》治天下"，《论语》这部书历来为人称道，是孔子及其弟子智慧的结晶，希望大家在课余时间可以一起阅读这部书，走近孔子，走进《论语》。

第13课　农工商强国

齐国在春秋战国时期一直以富庶著称，根本原因在于齐国是一个农工商强国，为其政治、军事、外交、文化等诸多方面提供了充足的物质保障。统治者根据齐国临海、有利于发展工商业的国情，在大力发展农业的同时，积极发展工商业，因而齐国成为首屈一指的富国。

成为农工商强国的原因

客观原因——优越的自然条件　姜齐建国伊始，面对的具体情况是：人少、地狭，近海有鱼盐之利，多山拥桑麻之饶；地处交通要道，商旅往来频繁等。上述这些客观条件和地理环境，无疑促使当时的齐国朝着工商经济的方向发展。

主观原因——英明决策的制定　重工、商是姜太公根据齐地的国情而确立的一项国策。"通商工之业，便鱼盐之利"；"劝女工，极技巧"的优先大力发展工商经济的基本国策，从而建构了一个崭新的滨海工商经济发展模式。这种经济模式使齐人把眼光放得很宽很远，将齐国以外的广大地区和许多诸侯国都纳入本国经济发展体系之中。历史证明，齐国的工商开放型经济，确已达到了强国、富民的目的。据史载：太公当世就大见成效，齐国冠带衣履天下，成为东方大国。

春秋前中期，桓公即位，管仲相齐。这时齐国的客观条件和外部环境都发生了很大的变化，农业生产已经成了齐国主要的经济部门之一。既便如此，姜太公倡导的"工商之业"不但没有遭到削弱，反而得以继承创新、发扬光大。

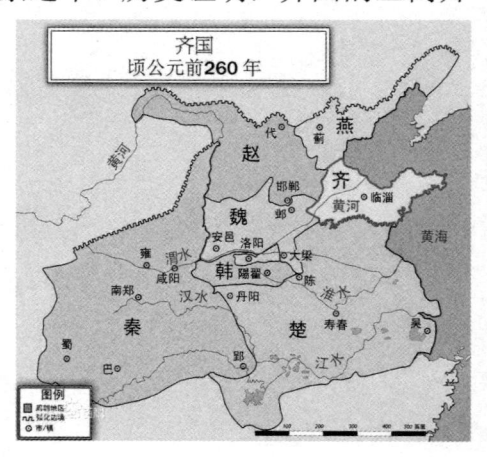

走进齐文化 十

这时的齐国在农工商三业并举、高度发达的基础上，其商品经济和对外贸易迅速发展起来了。

战国时期齐国统治者更是农、工、商业并重。战国时期齐威王改革的目的就是富国强兵。富国方面齐威王改革不仅表现在重视农业方面，而且还表现在重视工、商业方面。齐国统治者非常重视纺织、煮盐、冶铁等手工业的发展。"强本节用"一直是其他诸侯国追求的目标，在齐人看来这只能使经济情况好一些，但不能保证国家的长治久安。他们认为还必须重视商业和外贸，才能称雄天下。

齐威王：公元前378年—公元前320年

瞩目的成就

农业　粮食　春秋战国时期，齐国的主要粮食作物有粟、麦、菽、黍、稻等多种，其中尤以粟、麦、菽为重。

> 粟：即谷子。先秦时多称之为稷。粟耐干旱，生长期短，平原山地皆可种植，有"五谷之长"之称。是当时黄河中下游地区最主要的粮食作物，故倍受重视。粟在齐国的经济生活中占有举足轻重的地位，是第一大粮食作物。
>
> 麦：麦有大、小麦之分，小麦又有冬、春小麦之别。春秋战国时期是冬小麦在齐国种植发展的重要时期。春秋时期冬小麦在齐国普遍种植推广的反映。战国以后，冬小麦在齐国种植发展很快。当时齐国已是东方六国的主要麦作区。
>
> 获菽：大豆。先秦时大豆又称樱藏或戎菽。菽在齐国已是主要粮食作物，在五谷中占有重要地位。

在这个时期，冬小麦和大豆推广种值，对齐国的粮食种植业产生了深远的影响。冬小麦是秋种夏熟的作物，种植冬麦可利用晚秋和早春的生长季节，避免与其他谷作物争地，以达到充分利用耕地的效果。种植大豆，既能当粮，又可充作蔬菜，而且大豆的根瘤具有肥地作用，在实行连年种植制的情况下，有利于耕地的用养结合。小麦、大豆的种植推广，促进了

中华传统文化

齐国连种制的发展，并为形成以小麦为种植中心的轮作复种制创造了条件。

园圃业 以经营蔬菜果木为生产对象的园圃业是齐国农业经济的主要成份之一。《管子·立政》："瓜瓤荤菜百果备具，国之富也。"把园圃生产列为衡量国家贫富的标准，反映了齐国对园圃生产的重视。在战国时期，齐国的园圃业已从大田农业中分离出来，成了一个独立的生产部门，出现了专门"理园圃而食者"的果农和菜农。这些政策和措施对促进园圃业的发展起了积极的作用。

蚕桑麻业 春秋战国时期，齐国是蚕桑麻的主要产区，蚕桑麻业在齐国是主要的农业生产部门之一。鼓励发展，同时大力提倡"桑麻殖于野"。到战国后期，在齐国已出现了拥有"千亩桑麻"的"素封"之家。齐国除大力发展桑蚕外，还利用本国盛产柞树的自然优势积极开拓柞蚕生产和麻的种植，当时麻是普通劳动人民的主要衣被原料，因此麻的种植生产在农家经济中占有重要地位。春秋战国，"齐冠带衣履天下"，正是建立在发达的蚕桑麻业生产之上的。

工商业方面 对于齐国，最为重要的就是纺织业和海盐业，基于此，齐国的工商业在诸侯国中成为佼佼者。

发达的纺织业及海上丝绸之路　　一向被称为纺织业发达的齐国,到了战国时期,纺织技术更加先进,产品质量更加提高,花色更加精美。齐国不仅能生产出罗、纨、纱等大批丝织品,而且能生产出更加精致的锦帛缟缣、文秀纂组等近二十种精品,成为扩大出口贸易的重要物资资源。

张骞通西域,开辟丝绸之路的壮举,人皆尽晓。而齐国早在战国以前,就已经开始了东方"海上丝绸之路"的开辟和海外贸易了。这条路是由齐地商民或移民自发开辟而成的,因而具有开放性和分散性特点。它不像陆上丝绸之路那样,由官方出使外国到达西域各国,进行国事交往,而是由齐国沿海的芝罘(烟台)、蓬莱、海阳、崂山(青岛县)、琅(胶南县)、海阳、斥山(石岛)等港口出发,北渡长山列岛至大连,再转向东南,沿带方(朝鲜)西海岸南下,过济州海峡到达倭奴(日本)的。东方海上丝绸之路,开辟于战国时期的齐国,发展于秦汉,盛行于唐宋,繁荣于明清,是中、朝、日人民自古以来友好往来和经济文化交流的见证。至今,日本的羽田、波多、羽太、八田等姓氏日语发音为"八夕"(意为"机织人")。他们曾自豪地称自己的祖先是来自中国的移民。许多日本人以从事采桑养蚕和纺织为生,故日本又称"扶桑"。

丰厚利润的海盐业　　从社会需求来看,盐具有广阔的市场;从客观条件来看,内陆各诸侯国很少产盐,而齐国则三面环海,拥有取之不尽、用之不竭的自然资源;从产盐方式来看,太公建国时,生产技术落后,主要靠自然蒸发而得盐,周期长,产量低。到了春秋时期,已经发明了海水煮盐技术。煮盐,可使水分蒸发快,生产周期短,操作简便易行,产量也

中华传统文化

相应地得到提高。大批食盐出口到各内陆国，换得"成金万一千余斤"，再以这笔巨款买回粮食，又得千万钟，再通过粮食专卖，一进一出，盈利百万。

影响及评价 农工商并重的政策及随之发展起来的对外经济文化交流，是同时代的其他诸侯国所不能比拟的，其开放政策的先进性、措施的适用性、政令的可行性也是其他诸侯国所不及的。齐国通过发展生产不仅促进了进出口贸易和周边地区的经济文化交流，而且更以外贸为政治、军事、外交活动的辅助手段，威德并施，匡服天下，使齐国成为春秋五霸之首。

拓展活动

思一思

古人云："仓廪实而知礼节，衣食足而知荣辱。"只有丰厚的物质基础才能创建强大的东方大国，请小讨论一下，齐国成为东方强国，对当下实现"中国梦"有什么借鉴意义？

走进齐文化 十

第 14 课　开创霸业

齐国经过管仲改革，各方面都取得了前所未有的成就。政治上推行"尊王攘夷"，文化上主张"化礼成俗"，经济上重视发展农工商业，为齐桓公称霸诸侯奠定了雄厚的物质基础和文化基础，齐桓公举起"尊王攘夷"的大旗，"九合诸侯，一匡天下"，开创了显赫的霸业，成为春秋五霸之首。

创霸中原　齐桓公以强大的军事实力，征服和团结了各国诸侯，安定了中原。齐桓公"九合诸侯"始于北杏会盟，至鄄之会盟取得霸主地位。

公元前694年至公元前679年，为齐桓公始霸时期。公元前694年6月，鲁国侵犯宋国，齐、宋联合起来，打败了鲁国，驻军在郎地（曲阜近郊）。公元前681年，宋国发生内部兵变，齐桓公领兵平定了宋乱，并与宋、陈、蔡、邾等国在北杏会盟。这次会盟是齐桓公以诸侯长身份主持的首次会盟。

北杏会盟

公元前680年，齐桓公联合宋、卫、郑三国，又邀请周王室参加，在鄄地（今山东鄄城）会盟，以平定郑国内乱。公元前679年，齐桓公又以自己名义召集宋、陈、卫、郑在鄄会盟。在这次会盟中，齐桓公被推为盟主，以"尊王攘夷"为政治纲领，号召诸侯，为齐桓公霸业之始。

公元前678年至公元前667年，为齐桓公霸业的初步发展时期。公元前678年，齐国约集鲁、宋、陈等国在幽地会盟，会上再推齐桓公为盟主，承认其霸主地位。公元前671年，齐桓公与鲁庄公在扈（今山东临沂）会盟。公元前667年幽地会盟，齐桓公以盟主的身份主持会盟。在这次盟会上，周惠王的代表召伯廖以天子的名义，向齐桓公授予"侯伯"的头衔，

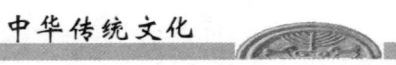

正式承认了齐桓公的霸主地位，标志着齐国的霸业又向前推进了一大步。

共攘夷狄 公元前666年至公元前656年，为齐桓公霸业的进一步发展时期。在安定中原诸国之后，齐桓公便率领各国诸侯抵抗北狄和南楚对中原的侵袭，安定四境，一匡天下，使其霸业达到了顶峰。

公元前664年，北方少数民族山戎攻打燕国。燕庄公抵挡不住，向齐桓公告急。齐桓公接受管仲的建议，举兵救燕，击败了山戎。公元前659年，南方强国、以蛮夷自居的楚国，出兵攻打郑国。公元前656年，齐桓公约鲁、宋、陈、卫等八国组成联军南下，首先一举击溃楚国的同盟——蔡国，直指楚国。

齐桓公命令大军在陉（今河南郾城南）

北京延庆玉皇庙山戎墓地

驻扎下来，与楚国南北对峙，持续了半年。楚国又派使者和齐桓公谈判签署了"召陵之盟"。召陵之盟是齐桓公"尊王攘夷"的又一次胜利，其霸主地位更加巩固。

葵丘会盟遗址

公元前651年，周惠王去世。齐桓公同各诸侯国拥立太子郑为天子，这就是周襄王。周襄王即位后，命宰孔赐齐桓公文武胙（祭祀文王、武王的祭肉）、彤弓矢（红色的弓箭）、大路（大车），以表彰其功。齐桓公召集各路诸侯大会于葵丘，举行受赐典礼。葵丘之会，标志着桓公的霸业达到顶峰。至此，经过近三十年的苦心经营，齐桓公在管仲的辅佐下，先后主持了三次武装会盟、六次和平会盟；还辅助王室一次，完成了春秋首霸的伟业。

葵丘会盟盟辞的内容有五：一是诛杀不孝之人，勿改变已确立的太子，不要以妾为妻；二是尊重贤能之人，培育人才，大力表彰有德的人；三是尊重老人，爱护孩童，不忘来宾和旅客；四是军士不能世世为官，官吏的事情让他们自己去办，不要专权。取士一定要得到能人，不专杀大夫；五是不要故意设堤坝，不要阻止别国人来买粮食，也不能不报告天子就建筑新城。这五条内容是齐桓公成就霸业的经验总结。

创霸意义 齐桓公称霸，将齐文化真正地改造成以兼容并包为特色的文化，使齐文化日臻成熟；齐桓公称霸，使西周以来由于周室衰微所形成的中原各国一盘散沙、分崩离析的局面大为改观，维护了较长时间内统一的、较为稳定的局面，促进了中原各国间的人员、物质交流和文化融合，遏制了少数民族对中原先进文化的掠夺性破坏，保证了中原文化的健康发展。齐桓公称霸，大大提升了齐文化在中华文化圈中的地位和巨大影响力，为齐鲁成为中国早期文明的中心奠定了基础。

故事链接

齐国帮助燕国战胜了山戎。燕庄公对齐桓公感恩不尽，随送齐桓公回国，不知不觉已入齐境六十余里。齐桓公发现此事后，说："按照礼的规定诸侯相送不能出国境，我不能对您无礼，那就以此为界，这六十里土地就归你燕国吧！"各国诸侯听说此事，对齐桓公便更加敬重。

楚国派使臣屈完前来谈判。屈完问齐桓公："你们住在北海，我们住在南海，相隔千里，风马牛不相及。你们到我们这里来干什么呢？"此时，管仲受命回答："昔周王曾命我先君太公，天下诸侯都可征伐，以保卫周室。你楚国应该向王室进献贡品，但苞茅不入，今日我国君来此向你们问罪。周昭王南征未返，死于你地，我国君也要问过清楚。"楚国使者理屈辞穷，无言以对。

拓展活动

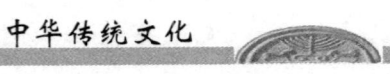

演一演

查找先秦时期服饰、礼仪方面的知识，画一幅反映历史原貌的《葵丘会盟》图。有条件的话，组织学生演一演这个场景。

谈一谈

利用网上和书籍资料，研究其他春秋霸主晋文公、楚庄王、秦穆公、越王勾践的创霸经过，在班内进行小组交流。

第15课　百科全书

《管子》是记录春秋时期齐国政治家、思想家管仲及管仲学派的言行事迹的著作。内容很庞杂，包括法家、儒家、道家、阴阳家、名家、兵家和农家的观点。现在版本《管子》是在西汉时由刘向编定的，原有八十六篇，现只有七十六篇，内容分为八类：《经言》九篇，《外言》八篇，《内言》七篇，《短语》十七篇，《区言》五篇，《杂篇》十篇，《管子解》四篇，《管子轻重》十六篇。作为中国古代的一部综合巨帙，《管子》书中蕴含着丰富的政治、经济、军事、教育、哲学、社会及自然科学方面的知识，堪称中国古代百科全书。

政治思想　管仲相齐，推行改革，帮助齐桓公实现了"九合诸侯，一匡天下"的春秋霸业，管仲借助《管子》一书为后人留下了宝贵的精神财富。

书中的"利民""富民""顺民"思想体现了深刻的民本思想，也是最有价值的一部分。《管子·牧民》中说："政之所兴，在顺民心；政之所废，在逆民心。"认为政策政令的好坏，要以民心向背这把尺子来衡量。基于这种认识，齐国采取了爱民、教民、养民的措施，体现出重要的民本思想。

《管子》提出的爱民思想是很有特点的，首先提出了爱民的前提条件是富民。在《小匡》中说："始于爱民。"《治国》中又说："凡治国者，必先富民。民富则易治，民贫则难治也。"为达到治国目的，首要任务是让民富裕，要富裕必有具体措施。所以管仲又提出了"六兴"的具体措施。①"厚其生"开辟四野，建造住宅，讲求种植，鼓励耕作。解决民生相关的问题。②"输之以财"。开发财源，疏通积滞货物，修筑道路，便利贸易。③"遗之以利"。修筑水坝防涝抗旱，兴修水利。④"宽其政"，薄赋、宽税、宽刑、减轻人民负担。⑤"匡其急"即救民之急，关心百姓疾苦。⑥"振其穷"，救助贫穷，给予饮食、衣服帮助。

经济理念 管仲被齐桓公任命为相时，就以称霸为目标，他强调治国之道首先要富国富民。管仲在理论上阐明了富国富民与治国称霸的关系，而且还制定了一系列富国与理财的具体措施。例如，提出的"仓廪实则知礼节，衣食足则知荣辱"的原理。

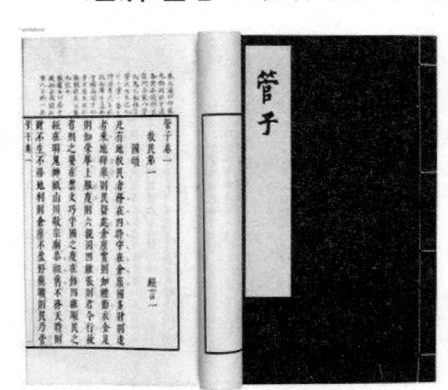

在《治国》篇中说："民事农则田垦，田垦则粟多，粟多则国富。国富者兵强，兵强者战胜，战胜者地广。是以先民知众民、强兵、广地、富国之必生于粟也。"《管子》的这段论述说明了粮食生产的重要性，粮食多是强兵、广地的基础。

在重视农业生产的同时，也十分重视手工业的发展。把"工"作为克敌制胜的必要条件之一。他说："财不盖天下，不能正天下；财盖天下，而工不盖天下，不能正天下，工盖天下，而器不盖天下，不能正天下……"即手工业不仅是致富的途径，而且是"正天下"的重要因素。

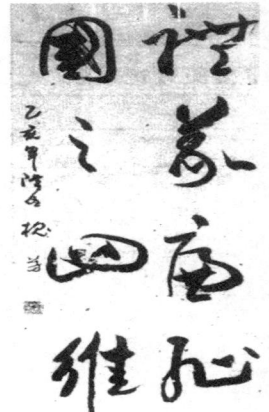

教育智慧 《管子》所述教育是一种广泛教育，它包括了现代所分类的道德教育、职业教育、国防教育等社会教育。其中，对于道德教育的论述最为精彩。

《管子》书中关于道德教育的内容比较丰富，主要包括礼、义、廉、耻、孝、悌、慈、惠、仁、信等道德规范。而礼、义、廉、耻又是其中心的道德教育内容。《牧民》篇中对这四种道德规范作了简要的说明,"礼不逾节,义不自进,廉不蔽恶,耻不从枉。"《管子》是礼义作为道德教育的最基本内容。它在《五辅》篇中对礼与义道德规范的基本内涵作了较为详尽的论述,尤其是对礼的论述相当完备,同孔孟对"仁"的论述一样,在我国封建社会伦理道德规范的形成过程中,占有重要地位。

> 针对道德教育,管仲提出了著名的自我教育八原则。①反急倦。有积极主动精神,不做惰。②忌伐矜。反对居功自傲,提倡谦虚处世。③过反于身。检查自身,严于律己,宽以待人。④立中生正。防止偏激,走上极端。⑤虚一而静。加强自身内心世界修养。⑥周密慎言。说话要分场合,慎重发言。⑦杜事于前。道德不违反共同规范。⑧行小禁微。从小严格要求自己,从一点一事做起。这些自我教育原则,对个人修身养性,至今仍有参考价值。

科技经典 《管子》之所以被称为先秦唯一的"百科全书",最重要的表现在其丰富的科技知识上。

首先,令今人赞叹不已的是《地数》篇中记载的矿藏知识:"上有丹沙者下有黄金,上有慈石者下有铜金,上有陵石者下有铅锡赤铜,上有赭者下有铁,此山之见荣者也。""山之见荣者",就是不同矿藏在地表显示出不同矿苗,是矿苗与矿物、表里共生现象的最早记载,也是关于"磁石"最早的记载之一。

其次,在农业生产方面,已有了五谷、桑麻、六畜的有序记载;"四种而五获"(四年五熟)的复播记载;农业生产五害(水、旱、风雾雹霜、厉、虫)的明确记载;尤其对农业生产工具的详细记载(耜、铫、镰、耨、椎、铚),说明当时农业生产工具已相当完备。

再次,《地员》中还载有极为宝贵的植物生态学知识:"凡草土之道,各有谷造。或高或下,各有草物。"由于山地高度不同,温度各异,水分分布各异，而造成了植物垂直分布现象，是植物学比较早的记载。

《管子》把治理齐国当作一个母系统，而政治、经济、军事、文化及教育等方面则分别为母系统中的子系统。它在论述每一子系统时都紧紧围绕着使齐国国富民强这一目标展开。这一目标贯穿于《管子》的整个思想之中，并使各部分思想有机地结合在一起，从而形成一个涉及面广、结构复杂而又比较协调的思想体系。从《管子》一书，我们亦能了解齐国富庶一方的些许原因。

拓展活动

议一议

1. 《管子》一书包罗万象，内容庞杂，通过本文的学习，你最喜欢其哪一方面的内容？小组内进行交流，课堂展示。

2. 《管子》一书凝聚了管仲的思想精华，从中你能看出怎样的治国理想？

第16课　科技经典

春秋战国时期是我国古代社会大变革的重要阶段，农业、手工业、商业、科学技术都有了很大的发展。在手工业中，一方面是原有的操作工艺更为纯熟；另一方面又产生了许多新的工艺，分工亦更为精细。为了进一步组织和指导生产，需对已获得的生产经验和技术思想进行总结，《考工记》应运而生。

《考工记》是我国第一部手工艺技术汇编，闻名中外的古代科技名著。科学史家钱宝琮先生曾经指出："研究吾国技术史，应该上抓《考工记》，下抓《天工开物》。"

成书情况　关于《考工记》的作者和成书年代，长期以来学术界有不同看法。目前多数学者认为，《考工记》是齐国官书（齐国政府制定的指导、监督和考核官府手工业、工匠劳动制度的书），作者为齐稷下学宫的学者；该书主体内容编纂于春秋末至战国初，部分内容补于战国中晚期。

今天所见《考工记》，是作为《周礼》的一部分。《周礼》原名《周官》，由"天官""地官""春官""夏官""秋官""冬官"六篇组成。西汉时，"冬官"篇佚缺，河间献王刘德便取《考工记》补入。刘歆校书编排时改《周官》为《周礼》，故《考工记》又称《周礼·考工记》（或《周礼·冬官考工记》）。

内容简介　《考工记》记载了当时齐国手工业中木工、金属工、皮革工、上色工、刮摩工、制陶工六大类专业的具体的制作技术以及内部生产管理制度，其丰富的科技思想内涵至今仍有借鉴意义。

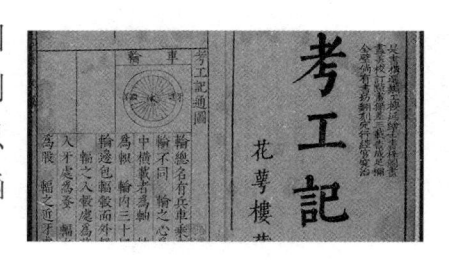

《考工记》

《考工记》所列技术工种及职责

类号	技术门类	工艺学范畴	工种	序号	技术职责	备注
一	攻木之工	木工艺	轮	1	制作车轮、车盖	
			舆	2	制作车箱	
			弓	3	制作弓架	
			庐	4	制作戈戟类兵器柄把	
			匠	5	营造城廓、宫室、修筑沟洫利水设施	
			车	6	制作大车、农具	
			梓	7	制作乐器悬架、饮器和箭耙	
二	攻金之工	金属工艺	筑	8	制作书刀	
			冶	9	制作箭镞、戈、戟	
			凫	10	铸造钟（乐器）	
			栗	11	铸造量器	
			段	12	制作金属农具	
			桃	13	铸造剑	
三	攻皮之工	皮革工艺	函	14	制作护身披甲	
			鲍	15	鞣制皮革	
			韗 (yùn)	16	制作鼓	
			韦	17	制作祭服蔽膝之衣	
			裘	18	制作皮衣	
四	设色之工	画绘、染制工艺	画	19	绘或绣制五彩文饰	
			缋	20	绘或绣制五彩文饰	
			钟	21	染治羽毛	
			筐	22	染制木帛	
			荒	23	练丝、练帛	

续表

类号	技术门类	工艺学范畴	工种	序号	技术职责	备注
五	刮摩之工	玉石、骨工艺	玉	24	琢磨礼用玉器	
			榔	25	制作梳蓖	
			雕	26	制作骨质用器	
			矢	27	制作箭	
			磬	28	制作石质打击乐器	
六	搏埴之工	制陶工艺	陶	29	制作甑、鬲等饮食陶器	
			旊（fǎng）	30	制作簋、豆盛食物陶器	

　　《考工记》的六大专业包括30多个生产部门，而各个专业生产部门又分为若干个小部门。若干个小部门又有特定的名称和生产范围。

　　例如，木工专业专门负责与"木"有关的车辆、弓箭、农具、家具及其他木制生活用品等，因此，其下又分轮人、舆人、弓人、庐人、匠人、车人、梓人等七个小部门。轮人专造车轮和车盖；舆人专造车厢；弓人专造弯弓兵器；庐人，专造兵器的手柄；匠人主管营造宫室台榭和农具；车人主管车辆的制造，也兼管农具的生产经营；梓人，主造木质饮食用具（如木碗、木勺、木盆等）和兵器的座架之类的器具。

意义影响　　《考工记》的最大价值体现在它提出了"天时、地利、材美、工巧"，制造精工产品的科技思想，并且这一科技思想至今对工业生产发挥着指导作用。

　　"天时、地气、材美、工巧"是制造精工产品的四大要素。天时，即制作某种器物时，必须按其特点和要求选择最佳季节和气候动工；地气，即选择材料质量好的地方特产和在工艺制作上选择有此种制作工艺优良传统的地方。材美，即选材要符合器物的功能和技术要求。工巧，即有严格而又巧妙的加工方法。"天时、地气、材美、工巧"是制作精工产品的四个要素，缺一不可。

中华传统文化

制箭图

《考工记》在科技领域对世界文明做出了许多独特贡献，充分体现出我国古代劳动人民的智慧和非凡的创造力。

《考工记》中记述的冶炼青铜的六种合金配比方法，制钟技术，物理学领域的流动摩擦原理、浮力原理、空气动力等原理，数学方面的关于长度单位、分数、倍数、勾股原理、割圆弧度等在世界上都是最早发明和发现的。

《考工记》反映出官府手工业生产内部管理制度，更反映出了我们祖先高超的智慧和科学的管理才能。齐国的手工业在内部管理上，每道工序都有严格的分工，对制造物的总体技术要求、尺寸标准等，都有专人设计管理与检查。官府手工业这种生产的专业化、制度化，分工的精细化程度，已达到很高的管理水平了。

彩陶

《考工记》对后世的影响巨大，战国时期，齐国的纺织业发达，使齐国成为列国最早的丝织中心。到汉代，齐国仍是全国的丝织中心之一。西汉时在临淄设有三服官，每年用精美的丝织品制成皇室宫廷所用的春、夏、冬三季的服装。今天的周村已成为全国有名的"丝绸之村"，博山从宋朝至今一直是我国重要的陶瓷生产基地之一。

拓展活动

议一议

1. 阅读本文和查阅相关资料，说说《考工记》对后世有哪些影响？
2. 学完本文，你有没有对《考工记》强大的手工业所感染？其实在我们临淄仍然保留着这些传统，请走访寻找，记录下临淄手工业遗迹。

活动探究

齐文化的崛起

桓管继承并发展了姜太公的治国思想,在政治、经济、军事、社会、科技、教育等各个领域进行了一次大规模、全方位的系统而深刻的变革。这场伟大的变革运动使齐国一跃成为春秋五霸之首。由此而形成的的以"变革"为主要特征的文化,充分显现出齐文化的崛起,而《管子》《考工记》的产生成为齐文化崛起的重要标志。那么,桓管改革对当代中国小康社会的建设有什么启示?管子学对当代中国的文化发展又有怎样的影响?

活动目标

通过论文答辩会使学生更深入地了解齐国文化对当今社会的作用,增强古为今用的意识。

活动准备

1. 分组收集有关资料,通过分析、归纳、概括,简要地列出桓管改革的主要措施和产生的效果。
2. 结合政治教学,了解我国改革开放以来的有关重要决策。
3. 通过参观、调查、走访等形式,收集改革开放给今天带来的重大变化资料。

活动过程

1. 以小组为单位商定小论文题目。
2. 在小组共同讨论的基础上,由1名同学执笔撰写小论文。
3. 班级内小论文答辩。老师依据论文内容提出问题,执笔者作为第一答辩人,组内其他同学可作补充。每组出1名同学组成评委,依据答辩情况予以评分。评出"小论文答辩优胜小组"。
4. 老师对小论文答辩会进行总结。
5. 整理保存小论文及答辩资料。

> 齐文化的变革特性对当代中国建设小康社会的启示

> 管子学对当代中国文化发展的影响

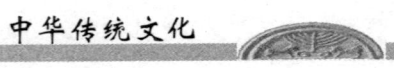

参考文献：

徐　进：《春秋时期"尊王攘夷"战略的当代启示》

郑晨曦：《齐桓公尊王攘夷霸业中的和平联盟战略》

邵先锋：《齐文化的代表人物及历史影响》　光明日报

王正立：《论管子对孔子思想体系的影响》

史少博：《〈管子〉论"国有四维"的现代启示》

郑明璋：《论董仲舒与管子思想的差异及其成因》

李英森、程刚、王秀珠：《齐国的工商业与对外交流》

陈冬生：《春秋战国时期齐国农业文化述要》

吴保传：齐桓公称霸与齐文化的区域联动

乐爱国：《管子》的科技思想

赵清文：论《管子》的"以人为本"思想

孙洪伟：《考工记》的设计思想研究

第五单元

齐文化的高潮

　　齐文化的高潮是在齐威王（公元前356年至公元前320年）和齐宣王（公元前319年至公元前301年）、齐闵王（约公元前323年至公元前284年）时期，齐闵王被尊称东帝，标志齐文化达到顶峰。齐国是经济最发达、人民最富裕的诸侯国，齐国临淄是中国最大的商业都市之一，军事实力最强，军事理论最先进，有最早的大学和社会科学院——稷下学宫，科技成果大量涌现，出现最早的足球——蹴鞠等。

中华传统文化

第 17 课　　兵学荟萃

兵家之所以与齐国联系在一起，首先与齐国的文化传统密不可分。齐国是东夷人的世居之地。东夷人骁勇善战，在原始社会末期就有蚩尤大战黄帝的故事，这种精神逐渐演化为齐人"贵勇武而贱得利"的性格。

其次，春秋战国时期，兼并战争不断也为兵学在齐国的兴起提供了实践基础。齐国在相当长的时间内保持了东方大国的地位，并与七雄中的魏、燕等国进行了数次规模巨大、影响整个历史进程的战争。如齐魏桂陵、马陵之战，齐伐燕之战，燕、秦、韩、赵、魏五国伐齐之战，等等，这些战争使齐国的将帅获得了丰富的战争实践经验。

齐国是百家争鸣的中心，儒、墨、名、法、阴阳等学派的许多著名代表人物几乎都曾在这里从事讲学和研究，参与思想和学术的辩论，形成了浓浓的思辨和著述的氛围。不少人对兵学有着独特的见解。自姜尚建立齐国，齐国地区的思想文化精英们就形成了好学深思、长于辩诘、乐于著述的优良传统，从而为兵学的产生和发展提供了得天独厚的沃土。

姜太公与《六韬》　齐国开国国君姜太公是齐国兵学的开山祖师。他留下了一部名曰《六韬》的兵书。《六韬》集中体现了姜尚的政治智慧和军事谋略，成为中国古代兵学的开山之作和奠基之作。

管仲的军事思想　春秋时期的管仲是伟大的政治家，又具有卓越的军事才能。其著作《管子》中的《七法》《幼官》等都是军事思想的重要篇目。管仲入则为相，出则为将，其文治武功皆彪炳青史。卓越的军事思想与杰出的政治才能结合最终成就了齐桓公的霸业。可以说管仲是春秋时期最有建树的军事家。

田穰苴及《田穰苴兵法》　田穰（ráng）苴（jū）是齐景公时期齐国

著名军事家。他以治军严谨、执法如山著称于世。《田穰苴兵法》主要记述了他善于用兵、爱兵，精于战阵的谋略。

斩庄贾立军威 晋、燕侵犯齐国，齐国战败。晏婴向景公推荐田穰苴。田穰苴虽是田氏的平民，但他文武全才，有很高的威信和超群的军事才能。他受命为将之后，担心自己威不服众，因而请求景公派宠臣庄贾去做监军。穰苴和庄贾约定：第二天中午时分在军门集会阅兵。穰苴第二天在军中竖了木竿、设置了铜壶滴漏，来计时刻，等待庄贾到来。但一向骄横、有恃无恐的庄贾，没把约定的时间放在心上，饮酒到傍晚才蹒跚而至。穰苴说："将军接受军命的时候就要忘记自己的家庭；临出征的时候就要忘记自己的亲人；上了战场，战鼓一敲就要连自己的性命都不能考虑。现在敌军侵略，国内骚动不安，你竟然饮酒违令！"召过中军官问："按军法，集会迟到者怎么处罚？"执法官说："按法应当斩首。"庄贾赶紧派人向景公求救。景公的使者来到，庄贾已被斩首示众。传示三军，严明纪律，三军莫不敬畏。

孙武和《孙子兵法》 作为有完整理论体系的思想流派，齐国兵家正式形成于春秋末期，标志是齐人"兵圣"孙武创作了《孙子兵法》。他批判了传统以礼为主的兵学思想，揭示了兵贵神速，出敌不意、攻其无备，用兵伐谋，三军可夺气等一系列具有普遍意义的军事规律，提出了一套完整的军事理论体系。《孙子兵法》不仅在我国影响深远，被尊崇为兵学圣典，而且在世界上也享有极高的声誉。

斩姬练兵 孙武到了吴国后，被伍子胥引荐给吴王。吴王为考验他的才能首先让他训练后宫的妃嫔。在操练场上，孙武耐心地向妃嫔们讲解操练要领。等交代完，孙武威严地说："练兵可不是儿戏！你们一定要听从命令，如果谁违犯军令，一律按军法处理！大家听明白了没有？"妃嫔们齐声回答："听明白了！"接着，孙武下命令擂起战鼓，开始操练。可妃嫔们还是在说说笑笑。在旁观看的吴王见此情景哈哈大笑。孙武沉下脸来，说道："按军法，违犯军令者斩，队长带队不力，

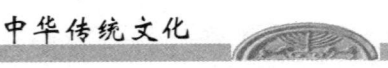

孙武（公元前545年至公元前470年）

应先受罚。来人，将两个队长推出斩首！"吴王一听，慌了手脚，急忙派人对孙武说："将军确实善于用兵，军令严明。这次看在我的薄面上，请放过寡人的两个爱姬。"孙武回答道："将在外，君令有所不受。吴王既然要我演习兵阵，我一定会按军法操练。"于是，孙武下令将两名吴王爱姬斩首示众，这下可把妃嫔们吓坏了。孙武命令继续操练，命令排头两名妃嫔继任队长。等鼓声再响起时，妃嫔们都按规定动作，一丝不苟地完成了操练任务。

美军在作战条令和国防部重要文件中引用孙子格言的做法成为一个不成文的模式沿袭下来。美军新版《作战纲要》更是开宗明义地将孙子的"攻其不备、出敌不意"作为其作战指导思想。如果仔细分析一下美军近些年发动的海湾战争，都可以找出使用了《孙子兵法》的战略思想与战略指导原则。此外，《孙子兵法》还有阿拉伯文、法文、德文、意大利文、捷克文、荷兰文、希腊文等20多种不同语种的译本。

斩姬练兵

孙膑与《孙膑兵法》 孙膑是孙武的后代，被齐威王任命为军师，辅佐齐国大将田忌两次击败庞涓，取得了马陵之战和桂陵之战的胜利，奠定了齐国的霸业。著有《孙膑兵法》一书。强调要懂得战争的规律。注意利用和创造有利于已的形势，重视人的作用。

围魏救赵 公元前354年，魏国军队包围赵国都城邯郸，双方战了几年，赵衰魏疲。这时，齐国应赵国的求救，派田忌为将，孙膑为军师，率兵八万救赵。孙膑向田忌建议说，魏国精锐部队都集中在邯郸，内部空虚，我们如带兵向魏国的国都大梁进军，它必然放下赵国回师自救。魏国大将庞涓听说齐军大举进攻魏国马上下令回师魏国自救。齐军乘其疲惫，在预先选好的作战地区桂陵迎敌，魏军大败，赵国之围遂解。

公元前341年，魏国发动对韩国的战争。韩国向齐求救，田忌依然根据孙膑的建议，再次采取围魏救赵的计策，率军直攻魏都大梁。魏国大将庞涓再次中计回救大梁。齐军在马陵山伏击迎敌并生擒庞涓。马陵之战后，魏国一蹶不振，齐国起而称雄。

孙 膑

拓展活动

连一连

姜太公　　　　　　围魏救赵
管　仲　　　　　　斩姬练兵
田穰苴　　　　　　斩庄贾立军威
孙　武　　　　　　《管子》
孙　膑　　　　　　《六韬》

中华传统文化

第 18 课　　晏子学派

晏子学的创造者是晏婴。晏子，字仲，谥号平。春秋时齐国夷维（山东高密）人，齐国大夫。他是一位重要的政治家、思想家、外交家。以有政治远见和外交才能、作风朴素闻名诸侯。他爱国忧民，敢于直谏，在诸侯和百姓中享有极高的声誉。历任灵公、庄公、景公三世，是名副其实的"三朝元老"。传说晏子五短身材，"长不满六尺"，貌不出众，但足智多谋，刚正不阿，为齐国昌盛立下了汗马功劳。传世著作有《晏子春秋》一书。我们把以晏婴和《晏子春秋》为代表的学术思想谓之为晏子学。

尚贤思想　孔子曾称赞晏子是一个古今少有的贤人。晏子认为尚贤是治国之本。认为人君必须以尊贤用贤为德。晏子尚贤有两个原则：一是诌谀之人、结党营私之人不用；二是量才使用。晏子认为，人的才能是不一样的，不能要求一个人什么事都能做，应该用其所长，避其所短，不能求全责备。

重民爱民，薄赋省刑　水能载舟，也能覆舟。晏子为政，十分注意顺从民意，体恤民情，关心百姓疾苦，为民请命，认为天下得失在得民。遇有灾荒，国家不发粮救灾，他就将自家的粮食分给灾民救急，力谏君主赈灾，深得百姓爱戴。

> 齐景公在位时，雪下了三天不停。景公披着白狐狸皮袄，坐在高堂侧面的台阶上，他说："怪呀！下了三天雪，天却不冷。"晏子说："古代的贤君，自己饱了知道有人挨饿，自己暖和知道有人挨冻，自己安逸知道有人在辛劳。"齐景

公听了晏子这番话后，下令拿出毛皮衣服，打开粮仓，把衣食送给挨冻挨饿的人，并下令在道上看到饥寒的人就给，不必问哪个乡的；在街巷里看见就给，不必问哪家的；在国中巡视统计数目，不必问名字。有职业的男子送给两个月的储备，有病的送给两年的储备。

晏子尚俭　晏子始终过着清贫生活，穿粗衣，吃粗粮，居陋室，骑劣马，景公给他新房，他拒绝搬迁。给他金银裘皮、好车好马，他坚持不受。景公见他的妻子又老又丑，把女儿赐给他，晏子更是婉言谢绝。晏子拒赐成为千古美谈。也许正是这样高尚的品格，才使后来的司马迁发出这样的感慨："假如晏子还活着，我就是为他执鞭驾马，也是心向往之啊！"

晏婴见齐景公

　　晏子总是乘坐旧车劣马上朝，齐景公看到这情景对晏子说："唉呀，你的薪俸少吗？为何车马这样不好呢？"晏婴说："仰赖国君的赏赐，我能够穿得暖，吃得饱，乘坐旧车劣马来过日子，已经很满足了。"

　　晏婴走后，齐景公命人给晏婴送去了漂亮的大车和骏马。一连送了三次，都被拒绝了。齐景公很不高兴，就把晏婴召来，对他说："你不接受车和马，我以后也不再坐车了。"晏婴说："你让我统辖全国官吏，我要求他们节衣缩食从俭处事，以便给全国的人们作个样子。这样，我还恐怕他们有奢侈浪费和不正当的行为。现在你在上面乘的是好车大马，我在下面也乘坐这么好的车马，这样一来，有些人就要学你和我的样子。上行下效，会弄得全国奢侈成风，我也就没有办法去禁止了。"最后，晏婴还是辞而不受。

晏子修礼　《晏子春秋》一书大声疾呼要"饰礼"，恢复周礼的地位和权威，但对周礼作了修正，认为民高于礼，礼乐要维持，但不能烦事扰民。社稷高于礼。礼应简化,灵活运用。这体现了其思想与时俱进的一面。此外,晏子的思想还包括法制和均贫富思想。

与孔子悖 齐景公问孔子如何为政,孔子说:"国君要像国君,臣子要像臣子,父亲要像父亲,儿子要像儿子。"景公说:"讲得好啊!如果真的国君不像国君,臣子不像臣子,父亲不像父亲,儿子不像儿子,纵然有粮食,我怎么能吃得到呢!"景公很高兴,要把尼溪的田地封赐给孔子。晏婴进言说:"这些儒者能言善辩不能用法度来规范;高傲自大自以为是,不能任用他们来教育百姓;崇尚丧礼尽情致哀,破费财产厚葬死人,不可将这形成习俗;四处游说乞求借贷,不可以此治理国家。自从圣君贤相相继去世,周朝王室衰落以后,礼乐残缺有很长时间了。如今孔子盛装打扮,烦琐地规定尊卑上下的礼仪、举手投足的节度,连续几代不能穷尽其中的学问,从幼到老不能学完他的礼乐。国君打算用这一套来改造齐国的习俗,恐怕不是引导小民的好办法。"此后齐景公虽然恭敬地接见孔子,但不再问有关礼的事。

故事链接

犬恶酒酸

景公问晏子:"治理国家最忧虑的是什么?"晏子回答说:"忧虑那些社鼠。那土地庙里,立下一个木牌,画上土地神,老鼠就寄身在那里,用火熏它怕烧了木牌,用水灌它怕冲坏了神像,这就是不能弄死老鼠的原因,因为有土地神的缘故。一个国家也有社鼠,就是君王身边的那些对内蒙弊君王对外卖弄权势的一伙人。从前有个卖酒的人,盛酒的器具擦得很干净,悬挂的酒旗很高,可就是没有人来买酒,酒酸了也卖不出,卖酒的人心里很纳闷,就去问他的邻居。邻里说:'您的狗太凶猛了。人家拿着酒瓶来了,要买您的酒,

狗迎上去咬人家，因此，大家都不敢来了。这就是酒酸卖不出去的原因。'有才能的人想向君王谋求职位，可是当权的人迎上去咬他们，这些人就是猛狗。君王身边的人是社鼠，当权的人是猛狗。君王怎么能不被蒙蔽呢？"

拓展活动

品一品

　　有关晏子的成语与典故很多，如：洋洋得意、南橘北枳、舌战群雄、折冲樽俎、出使狗国故进狗门、随机应变、良臣死社稷不死昏君、小人出使小国、外貌不足识人等，从中选一个成语或典故并能讲一讲与之有关的晏子的故事，说一说这些故事对现代人有何启发？

中华传统文化

第 19 课　　建立王业

齐国的王业奠基于齐威王，发展于齐宣王，齐闵王称帝一度将王业推向高峰。

公元前 356 年，田因齐即位，为齐威王（公元前 356 年至公元前 320 年）。齐威王以善于纳谏用能，励志图强而名著史册。齐威王在位时期，针对卿大夫专权、国力不强之弊，任用邹忌为相，田忌为将，孙膑为军师，进行政治改革，修明法制、选贤任能、赏罚分明，国力日强。经桂陵、马陵两役，大败魏军，称雄于诸侯。到齐威王末年，齐国成为诸侯国中最强盛的国家，成就了一代王业。

齐威王像

一鸣惊人　齐威王统治起初爱好荒淫享乐彻夜饮酒，沉沦不改，把政务委托给卿大夫。文武百官荒淫散乱，各诸侯国同时侵犯，国家存亡危在旦夕，齐王左右的人都不敢进谏。淳（chún）于髡（kūn）是齐人的赘（zhuì）婿。身高不足七尺，聪明机智，擅长辩论，多次出使诸侯国，从未受过屈辱。淳于髡用隐语对齐威王说："国家里有只大鸟，停驻在大王的庭院里，三年不飞又不鸣，大王知道这鸟是为什么吗？"齐威王说："这只鸟不飞就罢了，一飞直冲云霄；不鸣就罢了，一鸣震惊国人。"

严刑重赏　以法治国　齐威王从整顿吏治入手，逐步建立起了赏罚严明的法律。齐国得到治理，国势渐趋强盛。

齐国西部有个地方叫阿，驻守次地的阿大夫欺上瞒下，昏庸无道。齐威王把阿大夫召来说："自从你驻守阿地以来，天天有人在我面前说你的好话。可是我派人去阿地视察，却见那儿土地荒芜，百姓贫苦。赵国来进攻你属下的甄城，你却不能去救援；卫国夺取了你邻近的薛陵，你却不知道。这是因为你给了我左右的人大量贿赂，让他们在我面前说你的好话啊！"阿大夫见自己的罪行都被齐威王掌握了，吓得面如土色。齐威王当即喝令将阿大夫烹死了。齐威王身边那几个接受了阿大夫贿赂、帮着他说好话的人，也都遭到了严厉的惩罚。从此，齐国大臣都认真办事，诚实做人，再也不敢文过饰非。

广开言路　奖励进谏　能否纳谏，以及纳谏程度是衡定一个君主是否开明以及开明程度的一条重要标准，在这一方面，齐威王无疑是一个佼佼者。

邹忌讽齐王纳谏　徐公是齐国出名的美男子，但邹忌向他的妻子、爱妾和客人问自己与徐公谁美时，都说他比徐公漂亮，邹忌从中悟出了一个深刻的道理。于是，他对齐威王说："我本来不如徐公漂亮，但妻、妾、客人都说我比他漂亮，这是因为妻偏护我，妾畏惧我，客人有事求我，所以他们都恭维我，不说真话。而我们齐国地方这么大，宫中上下谁不偏护你，满朝文武谁不畏惧你，全国百姓谁不希望得到你的关怀，看来恭维你的人一定更多，你一定被蒙蔽得非常严重了！大王如能开诚布公地征求意见，一定对国家有益。"齐威王听了，觉得很有道理，立刻下令说"无论是谁，能当面指出我过失的，给上赏；上奏章规劝我的，给中赏；在朝廷或街市中议论我的过失，并传到我耳中的，给下赏！"命令一下，群臣前去进谏的，一时川流不息，朝廷门口每天像市场一样热闹。数日之后，进谏者一天天减少了。一年之后，由于齐国政治得到彻底改善，人们想提意见却无意见可提了。燕、赵、韩、卫等国家听说齐威王悬赏纳谏的事情后，都纷纷到齐国进行朝拜，愿与齐国结成同盟。

邹忌比美

强化军事　齐威王重视军事理论的建树,将古《司马兵法》与司马穰苴兵法合二为一,修建成《司马穰苴兵法》;重视军事人才的任用,任田忌、孙膑为将领,加强军事训练,使齐国军队成为列国中的一支劲旅。

人才是宝　齐威王继承自姜太公以来形成的尊重人才的传统,第一个把人才提到国宝的高度,不拘一格地选拔任用贤才。他一面选宗室中有作为的人为官,如让田忌做将军;一面又选拔大批门第寒微的人士委以重任,比如出身赘婿、受过髡刑且相貌丑陋的淳于髡、平民出身的邹忌、残疾人孙膑等。

公元前333年,梁惠王来齐国拜访,齐威王与他同至都城临淄郊外打猎。梁惠王问:"你有宝贝吗?"齐威王答道:"没有。"梁惠王得意地说:"我们梁国比你们齐国小得多了,我尚有十颗直径约一寸的珍珠,每颗夜里能照亮前后各十二乘车。你们齐国是万乘之国,怎么反倒没有宝贝呢?"齐威王微微笑道:"我的宝贝与你的不同。我有个大臣叫檀子,让他守南城,楚国人就不敢来进攻,泗水之上的那些宋、鲁、邾、莒等诸侯国都来齐国朝拜。我有个大臣叫田盼,让他守高唐,赵国人就不敢到我东海捕鱼。我有个大臣叫黔夫,让他守徐州,则燕、赵两国的边将都经常祭祀祈祷,害怕齐国进攻。我有个官吏叫种首,让他负责捕捉盗贼,他把齐国治理得路不拾遗。他们的光泽能照千里,区区十二乘车又算得了什么呢?"梁惠王满面羞惭,只得怏怏告辞而去。

齐威王比宝

齐威王改革开启了齐国的王业。齐宣王(公元前319年至公元前301年)继承威王事业,对外合纵抗秦、伐楚、伐魏、乘隙破燕,欲王天下;对内礼贤下士,以好士著称;广揽天下人才,使稷下学宫复盛。齐都临淄歌舞升平,空前繁华。后人把宣王时期称作"宣王盛世"。

故事链接

合纵连横

战国中后期，七雄争霸，出现了秦齐两大强国遥相对峙的局面，为了争取在兼并战争中获胜，齐国和秦国都展开了争取邻国、孤立敌国的斗争。从地域上来看，当时那些弱国以三晋（韩、赵、魏）为主，北连燕，南连楚为合纵；东连齐或西连秦为连横。合纵可以对齐，也可以对秦。从策略上讲，是"合众弱以攻一强"，是阻止强国进行兼并的策略；连横是"事一强以攻众弱"，是强国迫使弱国帮助它进行兼并的策略。张仪、公孙衍、苏秦是纵横家的代表人物。

拓展活动

以史为鉴

中国梦是强国之梦，实现中华民族的伟大复兴是每一个中华儿女的愿望。齐国国君的兴国强国措施对现代中国人有何启示？

中华传统文化

第20课　稷下学宫

在齐国故都临淄，曾经诞生过世界历史上第一所官办大学"稷下学宫"。虽然它已经淹没于历史的沧桑变化之中，但是它曾经的辉煌和成就依然令人回味、神往。今天临淄的稷下路、稷下生活区、稷下小学等名称皆源于此。

临淄南有稷山，城西南门因稷山而得名稷门。战国时期齐国政府于稷门处设学宫，称为稷下学宫，又称稷下之学，在此广开言路，招贤纳士，百家争鸣。

探寻根源　齐国之所以能够兴办稷下学宫是有着深刻的经济、政治和文化根源的。建国之初，齐国国君就非常重视经济发展。《史记·齐太公世家》记载："太公至国……通商工之业，便鱼盐之利，而人民多归齐，齐为大国。"至齐桓公时重用管仲为相实施改革，"相地而衰征"，实施盐铁专卖，经济进一步发展，使齐国成为列国首富，齐桓公"九合诸侯，一匡天下"，成为春秋第一霸主。战国时期齐威王、齐宣王时代，齐国经济更是呈现出繁荣昌盛、蒸蒸日上的新景象，"齐地方二千里，带甲数十万，粟如丘山。"（《战国策·齐策一》）雄厚的经济基础为稷下学宫的创立提供了物质保证。

稷下学宫遗址

在政治上，田氏代齐后，统治者出于进一步巩固和加强政权的需要，广揽人才，大造政治舆论，鼓吹和论证田氏政权的合法性。同时，齐国国君还希望以此增强齐国国力，在战国七雄的激烈竞争中再次实现称霸伟业。

文化上，稷下学宫是齐国文化传统弘扬与发展的必然结果。齐地的土著居民是东夷人，大海赋予其开放、自由、浪漫、坚韧的民族性格。司马迁曾评论说："其俗宽缓、阔达，而足智，好议论。"齐国从姜尚立国开始，长期推行"因其俗，简其礼"的方针，奉行开明统治，使齐国形成了"重士""养士"的传统。

发展历程　稷下学宫的历史基本与田齐政权相始终，随着秦灭齐而消亡，历时大约一百五十年。东汉大儒徐干曾在《中论》中记载"齐桓公立稷下之宫，设大夫之号，招致贤人尊宠之。自孟轲之徒皆游于齐"。这里的齐桓公是田齐桓公田午（公元前374年至公元前357年在位），而不是春秋初期的齐桓公小白。田齐桓公初创了稷下学宫。到了齐威王和宣王之际，随着齐国国势的强盛，才得以充分发展并达到鼎盛阶段。齐闵王后期稷下学宫衰落，襄王即位后大力恢复得以中兴，但和强盛时期相比已不可同日而语。齐王建统治时期，政治黑暗，齐国最终为秦所灭，稷下学宫也随之消亡。

齐威王初即位时，喜好声色，饮酒作乐，常常通宵达旦而不理朝政。但很快在邹忌、淳于髡的劝谏下振作起来，决心改变齐国的现状，以"不飞则已，一飞冲天；不鸣则已，一鸣惊人"的精神进行变法改革。为招揽人才，他进一步扩建了稷下学宫。齐宣王时期，采取了更加开明的政策，"趋士""贵士""好士"，四方游士、各国学者纷至沓来，儒、道、名、法、墨、阴阳、小说、纵横、兵家、农家等各家学派林立，学者们聚集一堂，稷下学宫达到鼎盛。

特点性质　司马光曾在《稷下赋》中写道："致千里之奇士，总百家之伟说。"齐国统治者用优厚的待遇、宽松的环境吸引了众多贤士前来稷下学宫，人数最多时达"数百千人"，当时诸子百家中几乎所有学派的代表人物都曾来到稷下学宫参与百家争鸣和文化学术交流。各学派围绕着天人之际、古今之变、礼法、王霸、义利等话题，展开辩论，相互吸收，共同发展。其中著名的学者有孟子、淳于髡、邹衍、田骈（pián）、慎到、申不害、荀子等。稷下学宫实行"不任职而论国事""不治而议论""无官守，无言责"的方针，学术氛围浓厚，思想自由，各个学派并存。稷下学士们既可以议论时政，对统治者的政治活动提出批评意见和决策参考，为实现田齐统治者的政治目标制造舆论，又可以著书立说，讲学授业，传播文化。由此可见稷下学宫是一个具有智囊团和学术教育双重性质的机构。百家争鸣在稷下学宫达到高潮。

稷下学宫实行言论自由、来去自由的管理原则，天下贤士可以自由来往，齐国不加干涉。齐国统治者给予学士们优厚的待遇。政治上，著名的先生们"皆命曰列大夫""上大夫"；经济上，享受上大夫的俸禄，齐王为之"开第康庄之衢，高门大屋，尊宠之。"像大家非常熟悉的儒家学派的代表人物孟子，多次来齐，作为齐国贵宾，备受齐国国君的礼遇，多次出入于稷下学宫，常被宣王召见议论政事，深得倚重，受命出使，"后车数十乘，从者数百人"。

孟 子

稷下学宫还制定了我国乃至世界上最早的学生守则《弟子职》，要求学生"温恭自虚"，对待先生的教诲"阐义则服"，并且对学生的日常起居、听课、用餐、卫生、就寝等方面做出较为详细的规定。从这些规范要求可见稷下先生是倍受尊崇的。

评价影响 稷下学宫的建立成为中华文化史上的一座丰碑。它的建立和发展使齐国成为战国时期百家争鸣的重要基地，人才得以汇聚，思想在此碰撞、融合、交流，推动我国古代第一次思想解放运动走向高潮。此外，稷下之学对中华民族精神的铸造起到了重要作用。

故事链接

淳于髡（前386年—前310年），山东省龙口人，家奴出身，社会地位低贱。但以其卓越的胆识和才华被齐威王和宣王重用，成为稷下学士中非常有特点的一位思想家。

淳于髡多次代表齐国出使外国，维护了齐国的尊严和利益。一次，齐王派淳于髡出访楚国，楚国因其身材矮小而讽刺道："难道齐国就找不出一个像模像样的人来了吗？你有什么本事？"淳于髡不卑不亢地说："我只有腰中的七尺长剑，是用来斩杀没有道德的君主的。"楚王大惊失色，只得道歉。

拓展活动

每一个城市都有自己的文化特色，临淄也不例外。作为历史名城的临淄在许多乡镇、学校、街道、社区的命名上都带有浓厚的历史韵味，例如桓公路、稷下生活区、齐都镇，等等，许多村庄的历史也非常悠久。请同学们以学习小组为单位，利用业余时间搜集自己身边这方面的资料，更好地了解自己生活的村庄、自己家乡的历史发展脉络，体会齐文化的博大和深远影响，增强我们对家乡的热爱和认同。各小组形成书面材料，进行交流。

中华传统文化

第21课　科技之光

随着齐国经济的发展、政治的进步、以百家争鸣为代表的思想的不断解放，勤劳、智慧的齐国人在科技领域创造了非凡的成就，医学、天文学、阴阳五行学等领域的科技成果到今天仍然令人赞叹。

医学　在中国国粹中医的发展长河中，扁鹊具有划时代意义。由于他对中医药学的发展有着特殊贡献，因而被称为中国传统医学的鼻祖。司马迁在《史记》当中专门写了扁鹊的传记。因此，扁鹊是中国古代第一个被写进正史的医生。

扁鹊像

扁鹊，姓秦，名越人，齐国卢人（今长清西南），因为他的医术像传说中的神医扁鹊一样高明，人们便尊称他为"扁鹊"。扁鹊少年时期曾经开过旅店。当时在他的旅店里有一位长住的旅客叫长桑君。两人在长期的交往中结下了深厚的友谊。有一天长桑君对扁鹊说："我掌握着一些秘方验方，现在我已年老，把这些医术及秘方传授给你，你要保守秘密，不可外传。"扁鹊当即拜长桑君为师，并刻苦钻研，继承其医术，终成一代名医。扁鹊成名后，周游各国，为人治病。

扁鹊是使医学成为一门科学的第一人。扁鹊之前，"巫医之术未尝不通也"，医与巫是不分的。而扁鹊宣称"信巫不信医不治"，充分体现了他坚持科学的医学精神。扁鹊在医学实践的基础上进行了医学理论的探索，是中医学理论体系的主要奠基人之一。他撰写的《难经》对生理、病理、诊断和治疗等基础理论做了完整系统的论述，脉诊的理论至今指导着中医的临床实践。扁鹊还教学授徒，开创了医学教育。

扁鹊在总结前人医疗经验的基础上，创造性地总结出"四诊法"，即望、闻、问、切（望，看气色；闻，听声音；问，问病情；切，切脉搏）的诊断疾病的方法，这成为中医沿用至今的传统诊断方法。扁鹊还善于综合运用汤剂、砭石、针灸、按摩，甚至手术等多种治疗方法，杂合参用，因病制宜。扁鹊的医术非常全面，内科、外科、妇科、小儿科等都非常擅长。

天文学 中国是天文学发展最早的国家之一。由于农业生产和制定历法的需要，我们的祖先很早开始观测天象，并用以定方位、定时间、定季节了。战国时期，齐国出现了专门测星的科学家，甘德是其中最著名的一位，被称为中国天文学的先驱之一。甘德著有《天文星占》八卷，后人将其与魏国天文学家石申的《天文八卷》合编为《甘石星经》，这是世界上最早的天文学著作。

书中甘德测定了118颗恒星的赤道坐标，发现了火星、金星的逆行现象，提出了行星会合周期的概念，并且测得木星、金星和水星会合周期值分别为：400日（应为398.9日）、587.25日（应为583.9日）和136日（应为115.9日）。他还给出木星和水星在一个会合周期内见、伏的日数，更给出金星在一个会合周期内顺行、逆行和伏的日数，而且指出在不同的会合周期中金星顺行、逆行和伏的日数可能在一定幅度内变化的现象。虽然甘德的这些定量描述还比较粗疏，但为后世传统的行星位置计算法奠定了基石。

阴阳五行学 这种学说流行于战国末期到汉初，齐人邹衍是其代表人物。邹衍的阴阳家思想表现在将自古以来的数术思想与阴阳五行学说相结合，并试图用来建构宇宙图式，解说自然现象的成因及其变化法则。古代汉族的天文学、气象学、化学、算学、音乐和医学，都是在阴阳五行学说的基础上发展起来的。

邹衍（公元前 305 年至公元前 240 年），齐国人，阴阳家的代表人物，因其学问迂大而宏辩，人称为谈天衍，尊称邹子。邹衍曾游学稷下学宫，以学问重于齐。后来到了魏国，受到魏惠王郊迎。到赵国时，平原君待之以宾主之礼。到燕国，燕昭王亲自为他在前面扫尘，听他讲学，为他筑碣石宫，执弟子礼。

邹衍像

天论与五行学说是邹衍学说的主要内容。邹衍认为整个物质世界是由土、木、金、火、水构成的，事物的发展变化是通过五行相克和五行相生来实现的。人类社会历史的改朝换代与自然界一样，也是按照五行转移的次序进行循环的，每一朝代都有盛有衰。邹衍的阴阳五行思想对后代哲学、医学、历法、建筑等领域影响很大，尤其是在汉代被董仲舒的新儒学所吸收，成为支持"君权神授"学说的理论框架。

邹衍还提出了大九州说。他说："中国名曰赤县神州。赤县神州内自有九州。中国外如赤县神州者九，乃所谓九州也……如此者九，乃有大瀛海环其外，天地之际焉。"（《史记·孟子荀卿列传》）这反映了战国时期人们对中国和世界地理的一种推测，认为中国只是世界的一小部分。邹衍的大九州说虽然建立在主观推测的基础上，缺乏严密论证和科学判断，但是在当时对中国以外的地理几乎一无所知的情况下，无疑是突破了人们狭隘的地理观念，开阔了人们的视野，激发了人们向外探索的热情。

故事链接

神医扁鹊的故事

《史记·扁鹊仓公列传》中记载，扁鹊在晋国时正碰到了卿相赵简子由于操劳国事，用脑过度，突然昏倒，已五天不省人事。大夫们十分害怕，急忙召扁鹊诊治。扁鹊按了脉，从房里出来。有人尾随着探问病情，显得很焦急。扁鹊沉静地对他说："病人的脉搏照常跳动，你不必大惊小怪！不出三日，他就会康复的。"果然过了两天半，赵简子就醒过来了。

扁鹊看病行医有"六不治"原则：一是依仗权势，骄横跋扈的人不治；二是贪图钱财，不顾性命的人不治；三是暴饮暴食，饮食无常的人不治；四是病深，不早求医的人不治；五是身体虚弱，不能服药的人不治；六是相信巫术、不相信医道的人不治。

拓展活动

思一思

1. 哪些齐国的科技成就令你印象深刻？这些科学家身上有哪些品质值得你学习？

2. 讳疾忌医、起死回生等成语和哪位名人有关？你能讲讲这些故事吗？

参考文献：

李新泰：《齐文化大观》

解维俊：《齐都事件》

宣兆琦、李金海：《齐文化通论》，新华出版社2000年版。

活动探究

齐文化发展的高潮

齐文化的第一次高潮发生在齐桓公时期（公元前685至公元前643年），晏婴相齐时期齐文化继续发展。齐文化的第二次高潮是在战国齐威王（公元前356年至公元前320年）、齐宣王（公元前319年至公元前301年）时期。在这些时期，齐国的政治、经济、思想、军事、科技迅速发展，英才辈出，不胜枚举。他们身上都发生过哪些故事仍令今天的我们津津乐道？同学们，充分展示你们的才华争做今天的故事大王，带领我们一起回到那个令人神往的年代吧！

活动目的

通过故事会使学生更直观地了解齐国文化，增强对家乡的热爱和认同感。

活动准备

1. 以小组为单位搜集齐文化高潮时期的历史文化名人，发掘故事素材，整理成富有趣味性、教育性、更易于学生表达和接受的故事文本。
2. 选出表达能力强、善于表演的学生代表本组讲故事。
3. 讲故事的形式可以多样，可以一人，也可多人，鼓励形式创新。
4. 邀请部分老师和选出的学生代表共同组成评委团。

活动过程

1. 主持人主持故事会，控制进度，活跃气氛。
2. 各个小组抽签决定讲故事的顺序，按照顺序依次进行。
3. 评委现场打分，评选出本次故事会的故事大王。
4. 请老师进行点评、总结。

活动总结

故事会后，每名学生都要完成书面总结：我听到了什么故事，了解了哪些文化名人，从他们身上学到了哪些优秀品质，懂得了哪些做人的道理。形式不限。

示例：制作总结性的表格

人物姓名	主要事迹	我的收获

中华传统文化

第六单元

齐文化的西渐与中兴

公元前386年"田氏代齐"后,齐国的封建经济得到了更大的发展,军事势力更加强盛,文化发展更加繁荣,从而形成了"百家争鸣"的学术奇观。齐国临淄的稷下学宫就是当时诸子百家荟萃、百家争鸣的主要园地和学术交流、文化传播的中心,它惠及当时,影响秦汉,意义深远。公元前284年乐毅伐齐,破都城临淄,尽失七十余城,虽有襄王复国中兴,但终由此一蹶不振,齐文化开始走向衰败。直至公元前221年秦统一全国,最后灭齐,齐文化败亡。齐文化由此融为秦汉中华民族文化中。

第 22 课　稷下之学的移植

齐桓公田午（公元前400年至公元前357，与春秋五霸之首的齐桓公非同一人）创建稷下学宫，其继任者齐威王（公元前378年至公元前320年）、齐宣王（公元前350年至公元前301年）继续扩建发展稷下学宫，使其成为战国时期学术文化的交流中心和诸子百家争鸣的重要场所。稷下之学对当时社会发展产生了多方面的影响，主要表现在以下几个方面：

促进新学派的产生　直接产生于稷下的新学派有：黄老之学、名家、阴阳五行学派。这些学说的创立及发展对后世文化学术产生了积极的影响。各种学派经过争鸣、辩论，各派思想得以融合、相互渗透、取长补短，各派学术理论都有很大发展。如：荀子和管仲学派礼、法相辅治国的理论，就是兼容儒法两家的理论主张而形成的，它作为一种治国的模式，主导了汉代以后两千多年历代王朝的全部历史。稷下的民本思想不仅迅猛发展，而且有所创新。管仲学派、慎到、孟子、荀子等都从不同角度阐明民本的意义，不仅对当时起到了抨击暴政、匡正国君的作用，而且对历代封建统治者的治国安民起到了警示作用。

"名家"　以辩论名实问题为中心，并且以善辩成名的一个学派，又称"辩者"。在战国各个学派"思以其道易天下"的过程中，为了播其声，扬其道，释其理，最先围绕"刑名"问题，以研究刑法概念著称；以后逐渐从"刑名"研究延伸到"形名"研究、"名实"研究。围绕"名"和"实"的关系问题，展开论辩并提出自己的见解。但由于他们的研究方法奇特，按汉代司马谈所言，是"控名指实""参伍不失"，因此，虽然名家擅长论辩，但其论辩又流于"苛察缴绕"，疙疙瘩瘩，诡谲奇异，所以历史上一直名声不好。最著名的有"白马非马"的辩论。

伏羲八卦（先天八卦）

"阴阳五行学派" 又称阴阳学派或阴阳家。古代的思想家看到一切现象都有正反两个方面，就用阴阳这个概念来解释自然界两种对立和相互消长的物质势力。"五行"则是指金、木、水、火、土五种物质，阴阳家用这五种物质来说明世界万物的起源。代表人物邹衍。

促进全国统一的历史进程

战国时期，全国统一已成为历史发展的必然趋势，对这一时代主题，稷下各派无不发表自己的主张。孟子主张"保民而王，莫之能御"（《孟子·梁惠王上》），提倡以仁政统一天下；荀子则主张"四海之内若一家""天下为一"，其途径是礼法并用，"君人者，隆礼尊贤而王，重法爱民而霸"，认为只用"隆礼重法"，国家才得以安宁和强盛；管仲学派则主张"使天下两天子，天下不可理也"（《管子·霸言》），并认为只有通过战争，才是实现统一的必然趋势。

位于淄博市临淄区齐陵街道办事处北山西村，于2004年建成并对外开放，是中国第一个运用现代技术手段，系统展示管仲生平、《管子》思想以及中国历代名相的专题性纪念馆。

总之，稷下先生以统一天下为己任，积极奔走，为统一的大业呼号，从而也就为统一的实现起了积极的促进作用。从一定意义上讲，稷下百家争鸣，引领了大一统的封建制度在华夏大地的诞生。

"管仲学派" 主要指稷下学宫讲解管仲或其学派的著作，在中国传统法治文化中，齐国的法治思想独树一帜，被称为齐法家。管仲辅佐齐桓公治齐，一方面将礼义廉耻作为维系国家的擎天之柱，张扬礼义廉耻道德教化的重要性；另一方面强调以法治国，君臣上下贵贱皆从法，成为中国历史上第一个提出以法治国的人。至战国时期，齐国成为中国历史上第一次思想解放运动和百家争鸣的策源地,继承弘扬管仲思想的一批稷下先生形成了管仲学派。管仲学派兼重法教的法治思想成为先秦法家学派的最高成就。在稷下学宫"三为祭酒"、深受齐文化熏陶的荀子,还培养出韩非和李斯两位法家代表人物。

带动其他诸侯国 齐威王当政时为了招揽人才扩建稷下学宫。齐宣王当政时为了称霸中原,完成统一大愿,也像他的父辈那样广招天下贤士而尊宠之,大办稷下学宫。稷下学宫的政治咨询功能为各诸侯国所仰慕,以至于争相效仿,于是产生了燕国的下都学馆、楚国的兰台学馆以及战国四公子平原君门馆、春申君门馆、吕不韦门馆、孟尝君门馆。这些学馆和门馆之规模及影响,虽不如稷下学宫,但对发挥士人的作用、促进学术文化的交流与繁荣,也产生了一定的作用。

> 齐讴行
>
> 稷下策文史,俎豆飨耆宾。
> 高风鲁连唱,义烈王蠋敦。
> 仞尚轻千驷,风韵流千春。
>
> ——明·苑卿

"战国四公子" 中国战国时代末期秦国越来越强大,各诸侯国贵族为了对付秦国的入侵和挽救本国的灭亡,竭力网罗人才。他们礼贤下士,广招宾客,以扩大自己的势力,因此养"士"(包括学士、方士、策士或术士以及食客)之风盛行。当时,以养"士"著称的有魏国的信陵君魏无忌、齐国的孟尝君田文、赵国的平原君赵胜、楚国的春申君黄歇。因其四人都是王公贵族(一般是国家君王的后代),后人称之为"战国四公子"。

总之,稷下之学在中国文化发展史上树起了一座丰碑,它承前启后,总结了我国先秦时代的文化成就,开创了百家争鸣的一代新风,促成了中国历史第一次思想大解放、学术文化大繁荣的黄金时代的到来;同时,稷下之学开启秦汉文化发展之源,对秦汉及以后文化的发展产生了深远影响。

拓展活动

说一说

1. 稷下之学在中国文化史上树起了一座丰碑，根据所学的内容，谈谈稷下之学的特点有哪些？

2. 搜集相关资料，根据所掌握的材料，谈一谈稷下之学的影响有哪些？

第23课 稷下学宫的中兴

稷下学宫的停办 齐湣王（公元前301年至公元前284年在位），名田地，齐宣王的儿子。齐湣王统治的前期励精图治，使齐国继续保持了东方强国的地位；后期则穷兵黩武、一意孤行、不尊贤士、不听谏言，荀子等一批稷下先生纷纷离去，无论是齐国还是稷下学宫都呈现出颓势。公元前284年，燕昭王任命乐毅为上将军，率领燕、赵、韩、魏、秦五国合纵攻齐，攻破齐国都城临淄，齐湣王仓皇出逃，稷下学宫也被迫停办，终止了五六年之久。

乐毅伐齐 燕昭王二十八年（公元前284年），拜乐毅为上将军，联合秦、韩、赵、魏四国共同伐齐（战争开始后楚也加入联军）。激战于济西，大败齐军。乐毅率燕军乘胜攻克齐72城，直入都城临淄。并烧齐都宫庙宗室，掠珍宝巨财一空，尽归燕国。燕昭王封乐毅为昌国君。燕国至此达到鼎盛时期。

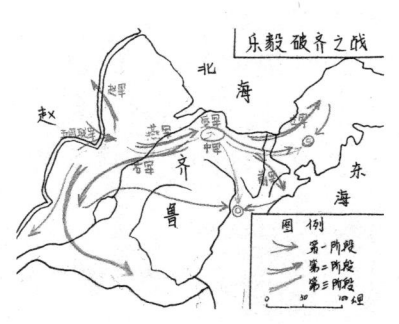

稷下学宫的中兴 齐湣王被杀后，齐襄王在莒即位（公元前283年至公元前265年）。齐襄王五年，田单收复被燕军占领五年之久的齐国城池，齐国得以复国。齐国复国后，齐襄王为了重振齐国泱泱大国之雄风，采取了一些恢复国力的措施。其中之一就是恢复稷下学宫，让那些稷下先生重新回到稷下学宫，荀子复归稷下学宫后，三次担任稷下学宫的祭酒（学宫负责人或学术领袖），但这时的稷下学宫，由于齐国国力大削，元气大伤，终究没有出现像威、宣二世那种轰轰烈烈的盛况了。但齐襄王毕竟使中断的稷

下学宫得以恢复和延续，因此，我们称这一时期为稷下学宫的中兴时期。

稷下学宫的衰亡　稷下学宫衰亡于齐王建时期。公元前265年，齐襄王卒，其子建即位，即是齐王建。齐王建年幼，权力由其母君王后执掌。这个时期，齐国政治黑暗，所养宾客多被秦国收买，不再效忠齐国。君王后等人，对于直言劝谏的稷下先生的忠言，要么不以为然，要么大动肝火。稷下学宫的祭酒荀子可能就是因为进谏齐相"女主乱之宫，诈臣乱之朝"（《荀子·强国》），而致使"齐人或谗荀卿，荀卿乃适楚"（《史记·孟子荀卿列传》）。齐国当局面对强秦的兼并战争，"不修攻战之备，不助五国攻秦"（《资治通鉴》卷七《秦纪二》），苟延残喘，最终为秦所灭，稷下学宫也随之衰亡。

齐国灭亡了，然而齐文化却没有随着国家的灭亡而迅速消亡，只是随着秦的统一，中衰、沉寂了一段时间。它作为一种地域文化，继续对秦乃至西汉前期的文化产生着巨大的影响。

故事链接

田单复国

战国后期，齐将田单凭借孤城即墨，由坚守防御转入反攻，一举击败燕军，收复国土的一次著名作战。

火牛阵，战国齐将田单发明的战术。燕昭王时，燕将乐毅破齐，田单坚守即墨。公元前279年，燕惠王即位。田单向燕军诈降，使之麻痹，又于夜间用牛千余头，牛角上缚上兵刃，尾上缚苇灌油，以火点燃，猛冲燕军，并以五千勇士随后冲杀，大败燕军，杀死骑劫。田单乘胜连克七十余城。

拓展活动

思一思

1. 稷下学宫的兴衰与齐国政治之间有怎样的关系？
2. 小组讨论交流，从稷下学宫的兴衰中我们总结出怎样的历史经验与教训？

中华传统文化

第24课　黄老之学的兴盛

黄老之学是指道家学说中的两派。"黄"是指黄帝的学说，在当时的传说中，黄帝善于养生并最终得道成仙。"老"是指老子的学说。黄老之学的内容包括两个方面，一是治身（养生），一是治国。作为最具有齐国特色的政治理论，稷下黄老之学曾两度成为"显学"，战国中后期曾是田齐政权的官学，西汉初年特别是文帝、景帝时期曾一度成为西汉的主流意识形态，对田齐政治和西汉政治产生了深远的影响。

黄老之学的兴起　稷下黄老之学产生于战国时期的齐国。主要代表人物有稷下先生慎到、田骈、环渊等。其学术特征为"道法结合、兼采百家"，道家是其哲学基础，法家是其基本的政治主张，兼采百家则是其政治主张的辅翼。

稷下黄老之学虽属道家思想，但它与老子、庄子的"人生"派道家注重修身养性、回避政治的思想不同，主体基本上是"君人南面之术"，即主要是讲政治，讲执政之道的；与同样讲政治、讲执政之道的儒家学说相比要"务实"，具有可操作性；与纯法家如商鞅、申不害、韩非子的"严而少恩"的学说相比又要温和、民本一些，而且主张道法合一，德刑并重，恩威并举，更全面、更科学。

稷下黄老之学的思想内涵主要包括以下几个方面：

1. 道生法，因此要"因道全法""因道变法"（《慎子》）。

在这里，"道"指的是客观规律，"法"指的是法律、法规、政策。所谓"道生法"，就是说客观规律产生法律、法规、政策。因此人们在制定

114

法律、法规、政策时要按照、遵循、顺应客观规律，即"因道全法""因道变法"。田齐的统治者为什么一上台就不遗余力、大张旗鼓地尊崇黄老之学呢？除了尊祖之外，主要原因就是为了寻找代齐的政治借口，为了摆脱篡逆的指责，也为了笼络民心、巩固政权。而黄老之学"道变、法亦变"的哲学理论正好迎合这一需要。

2."因循天道"（《慎子》）、"因性任物"（《田子》）。

制定法律"因道"，按照客观规律；完善法律也要"因道"，按照客观规律。那么客观规律包括哪些内容？稷下黄老学家告诉我们，世间的客观规律可大体分为三类，即自然规律、物理规律、人的规律。所谓的"因道全法"，就是指遵循顺应自然规律、物理规律、人的规律来立法、变法、执法。用现在的话来解释，也就是要科学执政、民主执政、依法行政。

3."贵齐""贵均""齐万物以为首"（《田子》）。

道生法，因道全法，"道"（客观规律）在稷下黄老之学中极为关键。那么，怎样来把握"道"，正确认识客观规律呢？稷下黄老学家认为，要把握"道"，必须要"贵齐""贵均""齐万物以为首"，也就是说首先要平等地看待一切事物，要整体思维地、多元思维地去认识事物和问题，才能把握客观规律。

稷下先生切磋学术

4."君臣贵贱上下皆从法"（《管子·任法》）、"官不私亲，法不遗爱"、"骨肉可刑，亲戚可灭，至法不可阙也"（《慎子》）。

稷下黄老学派认为，因为把握"道"要"齐万物"，平等地看待天人、人物、人际关系，而"道生法"，所以在守法的过程中也要遵循道的平等精神，即要求人人重法、守法，"法律面前人人平等"。即使是国君、官吏，即使是亲人，也要遵循法律法规的要求。应该说，这种法制观念在封建社会里是难能可贵的，尤其是"君要从法"，在当时的历史条件下提出，更是需要极大的理论勇气。这也是与晋法家明显不同的地方。

5. "立公去私""弃智去己"(《慎子》)。

稷下黄老学家认为,既然推行法治,那就必须要反对、杜绝一切形式的人治。因为法是"公"的体现,所以要求统治者"立公去私",即君主个人不能因个人好恶,因为维护个人的私利来损坏法律的尊严。因为实行法治,有法律、法规,君主只需按照既定的法律法规行政、办事就可以了,不需要再于法律之外耍个人聪明,另搞一套,这就是"弃智去己"。

综上所述,稷下黄老之学的思维逻辑是:只有平等地看待一切事物,才能准确地把握客观规律。因为客观规律产生法律,所以要按照、遵循、顺应客观规律(天道、物理、人情)来制定、完善法律。法律一旦制定,人人平等,包括执法者也要遵守法律。执法者怎么遵守法律呢?首先摈弃个人私欲、私智,不跳出法律的圈外自作主张、自认聪明。其次依法办事,不事必躬亲,充分发挥别人的积极性。

慎到　(约公元前390年至公元前315年),尊称慎子,赵国人,著名的稷下学者。齐湣王时期,曾经在稷下讲学,与田骈等齐名,一度当过太子傅(辅相)。

田骈　(约公元前370年至公元前291年),又名陈骈,齐国(今山东临淄)人。学识渊博,善于言辞,人称"天口骈"。

黄老之学的发展　西汉初期,黄老之学的研究中心由临淄稷下学宫转移到了齐国的高密、胶西地区。这一时期的代表人物及师承关系,司马迁在《史记·乐毅列传》中作了记述:"乐臣公学黄帝、老子,其本师号曰河上丈人,不知其所出。河上丈人教安期生,安期生教毛翕公,毛翕公教乐瑕公,乐瑕公教乐臣公,乐臣公教盖公。盖公教于齐高密、胶西,为曹相国师。"可见汉初黄老之学很兴盛,以至于汉惠帝时齐丞相曹参特意用厚礼将精通、传播黄老之学的盖公请到相府,向他虚心请教治齐之术。盖公回答说:"治道贵清静,而民自定。"曹参于是以黄老之学治齐,使西汉时期的齐国社会安定,生产力恢复很快。汉惠帝二年,曹参为相国,把"清静无为"这一治民方针定为治国之策。以后,经过汉文帝、窦太后等政治人物的推崇和倡导,黄老之学一跃而成为官方意识形态,为著名的文景之治提供了思想指导。

曹参 江苏沛县人，西汉开国功臣，名将，是继萧何后的汉代第二位相国。公元前209年，跟随刘邦在沛县起兵反秦，身经百战，屡建战功，攻下二国和一百二十二个县。刘邦称帝后，对有功之臣论功行赏，曹参功居第二，赐爵平阳侯，汉惠帝时官至丞相，一遵萧何约束，有"萧规曹随"之称。

汉文帝刘恒（公元前202年至公元前157年），汉高祖第四子，母薄姬，汉惠帝之庶弟。前196年刘邦镇压陈豨叛乱后，封刘恒为代王，其为人宽容平和，在政治上保持低调。高祖死后，吕后专权，诸吕掌握了朝廷军政大权。公元前180年，吕后一死，太尉周勃、丞相陈平等大臣把诸吕一网打尽，迎立代王刘恒入京为帝，是为汉文帝。汉文帝即位后，信仰黄老之学，励精图治，恢复发展经济，稳定汉初封建统治秩序，开创了"文景之治"。

窦太后（？至公元前135年），清河郡观津县（今河北省武邑县）人，名漪房。汉惠帝时窦姬以家人子身份入宫伺候吕太后，后被赐予代王刘恒。刘恒即位后窦姬被立为皇后。景帝即位后尊其为皇太后。建元元年，汉武帝即位，尊其为太皇太后。窦太后与汉文帝刘恒育有一女二男：长女馆陶长公主刘嫖，长子汉景帝刘启、少子梁孝王刘武。汉武帝建元六年（公元前135年），窦太后去世，与汉文帝合葬霸陵。信仰黄老之学，对开创文景之治和汉文帝时期的盛事局面贡献很大。

汉武帝时期，接受董仲舒的建议"罢黜百家、独尊儒术"，使儒学成为全国中央集权大一统下的统治思想。这不仅是鲁文化的胜利，也是齐文化的胜利。这是因为董仲舒不仅是齐学公羊学大师，其思想主要来自于齐；而且其标榜的"儒术"，既推孔子、阐扬仁学，有鲁文化的成分；又采齐学之阴阳五行，大讲天人感应、阴阳灾异，兼有齐文化的因素。自此，齐文化作为一种独立形态的文化已不复存在，它与鲁文化一起共同构成了中华民族传统文化的主干，并融合于统一的中华传统文化之中。

中华传统文化

故事链接

萧规曹随

汉惠帝二年，丞相萧何逝世，推荐其好友曹参为相。曹丞相上任后一天到晚就是请人喝酒聊天，好像根本就不用心治理国家。惠帝感到很纳闷，感到心里没底，有些着急。

有一天下朝后，惠帝单独留下曹参质问他。曹参叩头谢罪后，大胆地问惠帝："请陛下好好地想想，您跟先帝相比，谁更贤明英武呢？"惠帝立即说："我怎么敢和先帝相提并论呢？"曹参又问："陛下看我的德才跟萧何相国相比，谁强呢？"汉惠帝笑着说："我看你好像是不如萧相国。"曹参接过惠帝的话说："陛下说得非常正确。既然您的贤能不如先帝，我的德才又比不上萧相国，那么先帝与萧相国在统一天下以后，陆续制定了许多明确而又完备的法令，在执行中又都是卓有成效的，难道我们还能制定出超过他们的法令规章来吗？"接着他又诚恳地对惠帝说："现在陛下是继承守业，而不是在创业，因此，我们这些做大臣的，就更应该遵照先帝遗愿，谨慎从事，恪守职责。对已经制定并执行过的法令规章，就更不应该乱加改动，而只能是遵照执行。我现在这样照章办事不是很好吗？"汉惠帝听了曹参的解释后说："我明白了，你不必再说了！"

曹参在朝廷任丞相三年，极力主张清静无为不扰民，遵照萧何制定好的法规治理国家，使西汉政治稳定、经济发展、人民生活日渐提高。他死后，百姓们编了一首歌谣称颂他说："萧何定法律，明白又整齐；曹参接任后，遵守不偏离。施政贵清静，百姓心欢喜。"史称"萧规曹随"。

拓展活动

思一思

1. 整理黄老之学的内容，并分析其在西汉统治的具体表现？
2. 搜集整理稷下学对秦汉时期的影响还有哪些重要事实或历史故事？

第七单元

齐文化的流向

　　山东号称齐鲁，齐鲁之称源于先秦时期的两支优秀的地域文化，即齐文化和鲁文化。先秦时期，齐、鲁文化双峰竞秀，并驾齐驱；秦汉以降，齐、鲁文化珠联璧合，成为中国传统文化的主干。汉武帝推行"罢黜百家，独尊儒术"的政策后，齐文化继续向两个方向发展下去。此后，齐文化以惊人的顽强的生命力，对历代的政治、经济、军事、民俗等各个层面都产生了广泛而深远的影响，对民族精神、性格和心理的塑造发挥了不可估量的作用。深入研究齐文化，挖掘其精华，对于弘扬传统文化，建设新时期的先进文化，具有深远的历史意义和重大的现实意义。

第25课　齐鲁合流

山东号称齐鲁，齐鲁之称源于先秦时期在海岱之间曾经孕育出的两支优秀的地域文化，即齐文化和鲁文化。一般认为，齐文化的代表人物是管仲，儒学是鲁文化的产物，鲁文化的代表人物是孔子。

西周时期，由于周王室对所辖诸侯国的严格控制，齐、鲁两国的交往相对较少，文化交流也少。直到"礼乐征伐自诸侯出"的春秋时期，各诸侯国为了各自的需要，与其他诸侯国的交往日趋频繁。齐、鲁同为东方诸侯大国，两国间的相互交往也进入了一个新的历史时期。

齐文化与鲁文化交融的主要途径

盟会　春秋战国时代，为了各自政治的需要，有齐、鲁两国参加的盟会有六十多次。从齐、鲁盟会的形式看，主要有：诸侯盟会中，齐、鲁是主要参与国；齐、鲁两国会盟；齐、鲁两国国君互访。盟会是政治斗争的需要，也是文化交流的重要方式。齐、鲁盟会促进了两国政治及思想文化的交融；促进了两国以外交礼仪为主的"礼"的交融；增强了两国风土民情方面的交融。如文献记载中夹谷之会和鲁军入齐观社等活动，都直接反映出齐、鲁两种文化的交汇、冲突和融合。

夹谷之会

齐鲁夹谷之会是齐鲁两国的一次著名的会盟，盟会上孔子屈强国、正典仪的凛然大义，被称为"圣人之大司"。会盟后，齐人为孔子的大义凛然所折服，归还了郓（在今山东郓城东）、讙（今山东宁阳北）、龟阴（龟山之阴，在今山东新汶东南境）等汶阳之田。

夹谷之会

中华传统文化

联姻　齐、鲁联姻具有悠久的历史和传统，特别是公室及国君间的联姻活动，更带有较多的政治文化礼仪和民俗文化交流的色彩。鲁国作为宗周在东方的代表，可以代王室主婚嫁女，齐君入鲁迎娶即是理所当然的，从文化上讲，每次王室嫁女的礼仪，即是一次周礼的大演习，其对文化的交流、融合无疑是积极的推动。在齐鲁联姻活动中，除了物质方面的交往外，还会将自己国家的礼节、观念、思想等自觉不自觉地表现出来，这都会促进两种文化的交融。

战争　春秋战国，诸侯征战频繁发生。战争既是军事实力的直接对抗，也是观念、思想等的交锋。在这一时期，齐鲁两国通过战争，大大促进了两种文化的交汇和融合。齐、鲁所进行、参与的战争，其中既有物质文化方面的交流，如武器、服装、辎重等，也有精神文化方面的交流，如礼仪、战略战术、思想观念等。

长勺之战

公元前684年，齐桓公派兵攻鲁，当时齐强鲁弱，两军在长勺（今山东莱芜东北部）相遇。鲁军按兵不动，齐军三次击鼓发动进攻，均未奏效，士气低落。之后鲁军一鼓作气，打败齐军。后乘胜追击，获得了长勺之战的胜利。

齐文化与鲁文化交融的重要人物

孔子　儒家创始人孔子虽是鲁人，但齐国是对孔子影响最早最大的国家之一。孔子在周游列国之前，很早就先到了齐国。《论语·述而》中有"子在齐闻《韶》，三月不知肉味"，记载孔子来到齐国之后对齐文化进行了深入的研究，《论语》中提得最多的国家，除鲁国外，就是齐国，孔子评论最多的外国人是齐人。可见齐文化对他影响之大。

孟子　据史料记载，孟子曾两度游齐，时间达十几年。从《孟子》

等书中的记述看，孟子在齐曾与齐王就许多问题展开讨论，在孟子与齐王的多次对话中，孟子极力宣扬自己的"仁政""王道"等思想主张。孟子在齐国传播自己思想学说的同时，对齐文化的某些思想也进行了吸收、继承和发展。如孟子继承、发展了齐文化中的民本主义思想；孟子的"养浩然之气"的理论就是在齐文化"精气说"的基础上形成的。

荀子 荀子是另一位儒家学派的杰出代表。他久居齐国，在稷下学宫三为祭酒，深受齐文化的影响。从他的思想中，我们可以窥见齐、鲁文化已逐渐融合在一起。如荀子以儒家学说为基础，吸收法家思想，主张"隆礼重法"，这与齐文化中的礼、法统一思想是一致的。再如，荀子的尊君重民，是对鲁文化的尊君思想和齐文化中的民本思想的吸收和融合。

荀 子

齐文化与鲁文化交融的阶段与标志

第一个时期是春秋时期，主要标志是孔子思想的产生。在齐国，齐桓公称霸，取得了辉煌的业绩，这是齐文化大放光彩的时期。同时，是鲁国的礼乐文化大放光彩的时期。孔子的出现，可以说既是鲁文化培育的结果，也是齐鲁文化交流和融合的结果。

孔子的思想有两大命题："礼"和"仁"。有一些学者认为，孔子"仁"的思想来源于齐文化。齐国思想的根基是东夷文化。姜太公封到齐国以后，采取了一种开明的文化政策，这在《史记》记载上说得很清楚，就是姜太公经过修整变革，"因其俗，简其礼"，而东夷文化的一个传统思想就是"仁"的思想。可以说，孔子的思想是在春秋时期齐鲁文化由两支文化向一个文化圈发展过程中的一个结晶。

孔 子

第二个时期是战国时期，主要标志是儒学的"齐鲁化"。孔子在周游列国之前主要讲的是儒学的思想。到了战国时期，儒学获得了极大的发展。首先从鲁国的一种学术文化，走出了鲁国的国境，从"一国之学术"成为"天下之学术"。这是战国时期儒学发展的非常重要的成就。为什么呢？很重要的就是孔子是一名老师，他以教授学生作为他的主要职业。孔子下面有七十二贤人、三千多个弟子，又散布到全国各地来传播儒学。所以在战国时期儒学就号称"先学"。

第三个时期是秦汉时期，主要标志是从齐鲁之学到"独尊儒术"。秦统一后，随着经济、政治的大一统，文化的统一成为大势所趋，特别是统治者的一些举措，更加速了齐、鲁文化交融的进程。"焚书坑儒"后，为了适应时代的要求和谋求自身的发展，齐、鲁文化更是进一步融合在一起。汉代主要是经学发达。孔子编立了《五经》，这《五经》在汉代可以说是统治之本。董仲舒吸收了齐国和鲁国的新的思想，形成了新的儒学体系，得到统治阶级的认可，儒学从此由齐鲁之学发展到独尊儒术。

至此，经过一千多年发展的齐文化和鲁文化，在不断的争论、交汇和融合之后，最终整合在一起，共同构筑了中华民族传统文化的主干。

故事链接

天人三问

汉武帝

汉武帝即位后，让各地推荐贤良文学之士，董仲舒被推举参加策问。汉武帝连续对董仲舒进行了三次策问，基本内容是天人关系问题，所以称为"天人三策"。第一次策问，汉武帝问的主要是巩固统治的根本道理，第二次策问，汉武帝主要是问治理国家的政术，第三次策问主要是天人感应的问题。董仲舒在对策中详细阐述了天人感应，论述了神权与君权的关系，并提出了"罢黜百家，独尊儒术"的建议。

拓展活动

读一读

姜太公与民间春节习俗

贴"福"字

传说姜太公封神时，封其妻为"穷神"，并对她说："除了有福的地方，你都可以去。"从此，老百姓每逢过春节，家家都贴"福"字，以驱穷神。因为"穷神"是倒着看的，所以百姓一般把"福"字倒着贴。

贴窗花

传说姜太公封神时，最后已经没有地方可封，只能将自己封为窗神。有的人家过年时在窗户上贴上"姜太公在此，诸神回避"的红纸条，以图吉祥。后来，人们剪贴一些寓含美好愿望的图案贴在窗户上，希望新年能给自己和家人带来吉祥，这就是窗花的由来。

动动手

1. 请同学们利用网络、书籍等媒介，查阅相关资料，看看还能找到哪些与姜太公有关的典故或者传说？

2. 以齐文化故事、典故为题材，组织学生利用课余时间创作《齐国故事》《齐国人物》《成语典故》等动漫作品，或组织齐文化经典故事动漫及 flash 创作大赛。

第26课　齐学流变

汉武帝采取"罢黜百家，独尊儒术"的文化政策，完成了中国传统文化在形式上的全面整合。先秦时期的一支地域文化——齐文化在中国传统文化全国整合之后的流变，表现为两种方向：其一，齐文化与秦汉时期的经学合流，形成了齐派经学；同时又与谶纬学说融合，形成了谶纬神学。齐派经学、谶纬神学对当时的统治者产生了重要影响，这可以说是齐文化的流变对封建上层社会的影响。其二，齐文化以其新的形态走向民间，特别是由方仙道演化而来的道教，成为中国历史上的正统宗教。这可以说是齐文化的流变对封建下层社会的广泛影响。

齐文化与经学

齐文化对汉代文化的影响巨大，齐人对汉代经学文化的发展作出了巨大的贡献。孔子是以五经教学授徒的，这五经就是《诗》《书》《易》《礼》《春秋》。那么孔子死后，他的学生及学生的学生，即所称的"后学"都来传播五经，到了西汉初年，传播五经受到统治者高度重视，后来列为五经博士，在朝廷里面列为官职。五经博士当中，齐人居多，在《史记·儒林列传》当中，曾经列了五经八个经学大师，这八个经学大师当中六个是山东人，其中有四位是齐国人：传《诗经》的是辕固生；传《尚书》的是济南人伏胜；传《易经》的是淄川人田何；传《春秋》的是齐国人胡毋生。汉武帝采纳了董仲舒的意见"罢黜百家，独尊儒术"，这个董仲舒是赵国人，西汉经学大师，但董仲舒是齐国人公羊寿的学生，是搞《公羊春秋》学的，是齐学弟子，其思想主要来自于齐。而且其标榜的"儒术"，既推孔子，阐扬仁学，有鲁文化的成分；又采齐学之阴阳五行，大讲天人

感应、阴阳灾异，兼有齐文化的因素。所以我们从这里来看汉代的经学几乎全部出于齐地学者的传播。

书通二酉

相传当年秦始皇"焚书坑儒"时，朝廷博士官伏胜冒着生命危险，从咸阳偷运出书简千余卷，辗转跋涉，藏于二酉洞中，使先秦文化典籍得以流传后世。成语"学富五车，书通二酉"出于此。这些书简在秦灭汉兴时献给汉高祖刘邦，刘邦在获得伏胜所献大量秦前书简时大喜，亲自将二酉山立为"天下名山"。从此，二酉山二酉洞就成为天下圣迹，成

二酉名山

为读书人毕生向往和追求的地方。以后历代文人墨客前往二酉山拜谒更是络绎不绝，留下了大量的诗词文章。山上一度建院立阁，修堂造亭，香火旺盛。为纪念伏胜修建的伏胜宫和为保护二酉洞修建的藏书阁就是典型的建筑代表。在山半石洞下方，留有京师大学堂总监督即北京大学第四任校长、湖南督学使者张亨嘉于清光绪六年（1890年）

古藏书处

二月所立的榜书碑刻"古藏书处"四个大字。

齐文化与谶纬

有学者指出："谶纬为齐学，是构成齐文化的一个重要组成部分。"盛行于两汉时期的谶纬神学是齐文化的重要流变之一。齐文化中的神仙方术思想和阴阳五行学说以及邹衍的"五德终始"等思想对谶纬神学的形成与发展起了举足轻重的作用。

徐福东渡

徐福，即徐市，字君房，齐地琅琊（今江苏赣榆）人，秦著名方士。他博学多才，

中华传统文化

通晓医学、天文、航海等知识，且同情百姓，乐于助人，故在沿海一带民众中名望颇高。徐福是鬼谷子先生的关门弟子，学辟谷、气功、修仙，兼通武术。他出山的时候，是秦始皇登基前后。

后来被秦始皇派遣，出海采仙药，一去不返。乡亲们为纪念他，把他出生的村庄改为"徐福村"，并在村北建了一座"徐福庙"。后来，有徐福在日本的平原、广泽为王之说。

齐文化与道教

道教是中国本土宗教，以道为最高信仰，以我国古代社会的鬼神崇拜为基础，以神仙存在、神仙可求和诱使人们用方术修炼以追求长生不死、登仙享乐和用祭祀醮仪以祈福消灾为主体内容和特征；以道家、阴阳五行家和谶纬神学中的神秘主义成分为理论体系，带有浓厚的万物有灵论和泛神论。作为齐文化重要组成部分的阴阳五行学说、神仙方术、黄老之学和封禅学说，在道教的形成和发展过程中，起了主导性的作用，这一点可以从道教教义的核心神仙信仰中得到证明，所以，道教是由齐学演化来的。

蓬莱与道教

蓬莱在道教中有着举足轻重的作用。"八仙过海"传说的出现将蓬莱的神仙文化进一步发扬光大。八仙七男一女，即汉钟离（钟离权）、张果老、韩湘子、铁拐李、曹国舅、吕洞宾、蓝采和及何仙姑。八仙代表了男女老少，贫富贵贱。八仙的传说甚早，明代《东游记》确定为现在的八位仙人。八位神仙打抱不平，惩恶扬善。"八仙过海、各显神通"的典故就源于此书。

蓬莱"八仙过海口"是传说中的八仙过海之地，这五个大字是宋代大文豪苏轼做登州太守时所题。牌坊后面的"人间仙境"四

个大字是苏轼（苏东坡）同期所题，在春夏之交，这片海面上经常出现海市蜃楼，景象十分神奇，所以蓬莱自古就有人间仙境的美誉。

故事链接

1. 道教的主要教义是什么？

道教以老子的《道德经》的思想为主要教义，倡导尊道贵德、重生贵和、抱朴守真、清静无为、慈俭不争和性命双修。道教认为，无形无象的"道"生育了天地万物。道散则为气，聚则为神。神仙既是道的化身，又是得道的楷模。故道教徒既信大道，又拜神仙。

2. 道教的神仙谱系是怎样的？

道教信奉的最高尊神是"三清"，即玉清元始天尊、上清灵宝天尊和太清道德天尊。三清之下的众神以得道之深浅、功德之多寡而分为不同的等级和职守，最高者为玉皇，玉皇统御诸天，为宇宙的最高统治者。分司不同职责的神仙，老百姓最熟悉的有风、雨、雷、电、水、火诸神，以及财神、灶神、城隍、土地等。

拓展活动

读一读

崂山道观

素有"海上名山第一"的崂山自古被称为"神仙窟宅""灵异之府"。昔日秦皇汉

中华传统文化

武帝登临此山寻仙，唐明皇也曾派人进山炼药，历代文人名士都在此留下游踪，号称"道教全真天下第二丛林"。

崂山全盛时有"九宫、八观、七十二庵"，诸宫观之首是太清宫，道众均为道教全真派。根据《胶奥志》《崂山志》等书记载，崂山道教庙宇不止九宫八观，峰前崖后，山坳涧旁还有很多小道庵。崂山道众常说："崂山道观天上星，七真降临归正宗，若问宫观谁为首，老君峰下太清宫。"

崂山道观左边的山上，林木茂密，郁郁葱葱，而右边的山上，则是乱石纵横，寸草不生，这大概就是所谓的"左青龙，右白虎"了。

游一游

有条件的同学可以利用假期与父母一起去蓬莱或者崂山旅游，实地考察一下道教文化，亲身感受一下道教文化的魅力，探寻道教文化中齐文化的踪迹。

第27课　齐风流韵

齐文化作为中华民族传统文化的重要组成部分，不仅在我国古代社会曾经产生过重大影响，而且它的许多优秀成分，包括政治、经济、军事等优秀思想，已经超越了时空，历久弥新，对今人依然有许多启迪和借鉴意义。

重视人才，选贤任能，反对奢侈是齐国政治思想的重要特点

在齐国政治家和开明君主看来，"争天下者，必先争人"（《管子·霸言》），要"霸诸侯，一匡天下"（《论语·宪问》），就要培养造就人才，大胆启用人才。从齐立国之初到齐桓公时，逐步形成了一套比较完整的用人标准、选拔措施和考核办法。齐桓公大义相管仲及设庭燎招士、齐威王用人不疑、齐宣王礼贤下士等尚贤重才的做法，都集中反映了齐国对人才的重视。齐国的统治者和政治家还制定了许多为政清廉的具体规定和措施，而且涌现出许多勤俭持政的官吏。不管齐国统治

> 取于民有度，用之有止，国虽小必安。取于民无度，用之不止，国虽大必危。
> ——《管子·权修》

者倡导廉洁勤政出于何种目的，客观上却为我们提供了这样的启示：要想保持国家的长治久安，实现社会主义现代化，就要惩治腐败，保持廉洁。

力行廉洁

晏婴身为齐国宰相，历仕三朝，却始终过着清贫的生活，穿粗衣，吃粗粮，居陋室，骑劣马，景公给他新房，他拒绝搬迁，给他金银裘皮、好车好马，他坚辞不受，景公见他的妻子又老又丑，把女儿赐给他，晏婴更是婉言谢绝。晏子拒赐成为千古美谈。也许正是这样高尚的品格，才使后来的司马迁发出这样的感慨："假如晏子还活着，我就是为他执鞭架马，也是心向往之啊！"

富民强国，重视农业，发展经济是齐国经济思想的重要特点

古齐国独特的地理环境，使齐文化从产生之初就具有先天的实用主义色彩，最突出的表现就是富民强国，重视农业，发展经济。

齐国重视经济主要体现在既抓粮食生产，又注意发展多种经营，做到农林牧副渔全面发展。这一系列适合齐国国情的政策使齐国的经济得到迅速发展，并在春秋战国时期一直领先于其他诸侯国，成为经济大国、军事强国。我们建设社会主义现代化也要牢固树立以经济建设为中心的指导思想，大力发展生产力，努力提高人民的生活水平。另外，齐国经济思想中还有一个重要内容，就是既重视市场的自我调节作用，又重视政府的宏观调控。这对我们今天发展社会主义市场经济有一定的启迪价值。

> 彼王者不夺农时，故五谷兴丰。
> ——《管子·臣乘马》

> 千乘之国，中而立市。
> ——《管子·揆度》

依法治军，严肃法纪，执法如山是齐国的军事思想的重要特点

齐国的军事理论，主要包括在《六韬》《管子》《孙子兵法》《孙膑兵法》《司马兵法》《子晚子》（后轶）等古籍中。另外，《左传》《国语》《战国策》《史记》等典籍中也记录了齐国王公将相的一些军事言行。齐文化中的军事思想内容丰富，影响深远，对我们的社会主义现代化建设特别是国防现代化建设具有重要的借鉴意义。

顽强的进取精神

齐国兵家的进取精神是非常强烈的。姜太公大半生不得志，生活坎坷，但他从不自抛自弃，而是努力奋斗，千方百计寻找机会，终于在古稀之年建功立业；管仲早年先后经过商，当过兵，做过吏，但总是归于失败。后来他辅佐公子纠，又在政治斗争中失败，成为齐桓公的阶下囚。然而，管仲始终不言放弃，总是顽强坚持"不羞小节而耻功名不显于天下也"（《史记·管晏列传》）的信念，终于被豁达大度的齐桓公任命为相，有了用武之地，创建了一番惊天动地的大业。兵圣孙武在青少年时期就立志献身兵学，成年后，面对齐国国君齐景公昏暴，卿大夫内争激烈，自己难以施展才华

的局面，毅然远走他乡，南下正在蓬勃兴起的吴国，寻求用武之地，终以兵法十三篇得到吴王阖闾的赏识，被任用为将，实现了自己的抱负。孙膑在遭受酷刑，双腿残疾的情况下，矢志发愤，最终"名显天下"。几百年后的司马迁对"孙子膑脚，而论《兵法》"（《史记·太公自序》）钦佩不已，将其视为自己的榜样。

齐文化在长期的发展过程中，既为我们留下了大量的文献资料，如《管子》《晏子春秋》《六韬》《孙子兵法》《司马法》《孙膑兵法》《考工记》稷下诸子书等；也给我们留下了丰富的历史遗址、遗迹、文物、胜景，如齐都临淄故城遗址、春秋车马坑、殉马坑、孔子闻韶处、齐长城遗址、大武汉墓、陶器、铜器、玉器，等等。对这些历史文化资源，在深入研究的基础上有效加以开发利用，可以创造出巨大的经济和社会效益，促进经济社会的健康快速发展。同时，齐文化中许多先进的文化思想，如尊王攘夷，维护统一的优良传统；生为社稷，死为社稷的爱国主义情操；救难恤患；存亡继绝的仁爱精神；法律政令，君民共守的法治观念；崇礼尚义，教训成俗的教育思想；诚工、诚农、诚贾、信士的职业道德要求；不羞小节，而耻功名不立的社会责任感，等等，以及齐文化中处处闪烁的智慧火花，不仅陶冶了古人，也会影响今世，对今天塑造民族精神、提升民族素质，促进社会主义核心价值观建设，尽快实现中国梦都具有重要的意义和积极的影响。

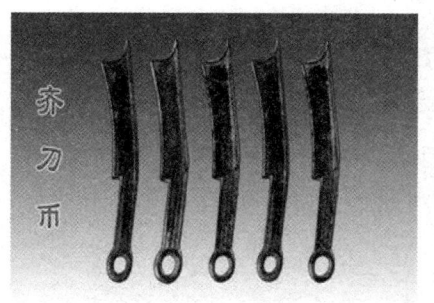

中华传统文化

故事链接

淄博临淄——足球发源地

2004年7月,国际足联主席布拉特正式宣布:"足球起源于中国临淄"。最有说服力的就是文字记载。最早出现蹴鞠这项运动确切记载的是《史记·苏秦列传》《战国策·齐策》。苏秦为战国时期的纵横家,苏秦墓现在就在淄博市淄川区城南镇境内。《史记》记载:"临淄之中七万户……临淄甚富而实,其民无不吹竽、鼓瑟、击筑、弹琴、斗鸡、走犬、六博、蹋鞠者。""蹋鞠"就是"蹴鞠"。"鞠"即熟皮革缝成球。《汉书·枚乘传》

圣球之源

引颜师古注云:"鞠,以韦(皮)为之。"这是目前关于古老足球运动的最早记载,从时间上看,距今2400年左右。

拓展活动

读一读

身边的齐文化

临淄有的学校为"三为稷下学宫祭酒"的荀子和以第一部农学著作《齐民要术》享誉世界的农学家高阳郡守贾思勰树立了大型雕塑,并建大型壁画和"齐文化长廊",达到了"每一面墙壁都说话,每一个角落都育人"的效果。在临淄很多学校的校园中处处有齐文化内容的报刊橱窗、图书橱、图书角和齐文化图书箱。学生流连于校园中随时可以读到齐国成语故事和重大的历史事件。临淄城区也以齐文化命名了稷下、齐陵、雪宫和闻韶4个街道办事处和太公小学、晏婴小学等7

贾思勰

所学校以及晏婴路、牛山路等8条街道。

游一游

利用假期组织学生进行"齐文化故城寻迹"徒步考察活动。

路线设计：从学校出发，经石刻馆、排水道口、殉马坑、孔子闻韶处、管仲墓、太公湖、齐国历史博物馆，最后到古车博物馆再返回学校。

返校后，组织学生开展"探寻齐文化，践行中国梦"的主题演讲。此活动不但可以锻炼同学们的意志，更重要的是使他们亲身感受到了齐文化的博大精深与源远流长，激发了他们热爱家乡、弘扬齐文化的豪情。

参考文献：

邱文山：《齐、鲁文化及其交融与整合》

王志民：《齐文化的内涵、发展历史及其贡献》

王志民：《合二为一的齐文化与鲁文化》

邱文山：《试论齐文化的流变》

钟肇鹏：《谶纬与齐文化》

胡孚琛：《齐学和道教》

解维俊：《研究开发齐文化的现实意义》

刘　蕾：《试论开展齐文化研究的现实意义》

张斌荣：《试论齐鲁文化的创新精神及其当代价值》

市委政研室：《关于齐文化研究开发情况的报告》

第八单元

齐文化的复兴

从齐文化形成以来，对齐文化的研究就一直是历史文化研究的热点之一。人们从不同的角度汲取齐文化的思想营养，有人得益于实用的管子经济理念而成为国家理财的栋梁；有人受惠于沉默智慧的鬼谷先生而成为抵御外辱的将才；更多的人是受到齐文化包容和谐的启发，而成为中华民族传统文化的研究者和继承者。

走进齐文化 十

第28课 齐文化的研究

从纵向来看，对于齐文化的研究经历了三大阶段。鸦片战争之前为古代对齐文化的研究，主要是对具体人物、事件和文化概念的解读；鸦片战争以来一直到新中国成立后为第二阶段，这一时期对于齐文化的研究主要服务于近代以来救亡图存，争取民族独立实现民主富强的现实需要；改革开放以来为齐文化研究的第三阶段，也是对齐文化研究推陈出新、百家争鸣取得丰硕成果的时期。

第一阶段 齐文化经过两千余年的发展、融合和演变，留下了大量的资料、文物和遗迹可供研究。古代的研究大多集中于齐国人物、出土文物和历史事件的互相印证和解读。如果说孔子在齐国听到美妙的音乐，因此连吃肉都感觉不到香味，这只是对于齐国文化直观的感受；那么孟子入住稷下学宫则是对于齐国文化的认同。宋代词人李清照的丈夫赵明诚，则可以看作利用出土文物研究齐文化的第一人。他在《金石录》中曾经记载临淄农民耕地时无意

子禾子釜：1857年出土，通高38厘米，肩下部有铭文10行，告诫官吏使用标准量器。

中发现编钟十余枚。更难能可贵的是他还专门记录了这些器物中刻有文字，最多的有五百字，是研究齐国文化不可多得的物证。

余音绕梁就是从孔子闻韶这个典故演化而来的。公元前517年，三十五岁的孔子因鲁国内乱而出奔到齐国。齐国上卿高昭子招待孔子时请乐队演奏了"韶乐"，孔子听后手舞足蹈，连着赞叹"尽美矣，又尽善也"。甚至回到住处后还恍惚了好几天，连吃肉都没有啥感觉了，因此留下了余音绕梁这个千古美谈。

据考证齐都镇韶院村东，就是当年孔子闻韶处。

第二阶段　1840年鸦片战争后，齐文化的研究一度陷入低谷。但随着民族危机加深，对齐文化的研究服务于救亡图存的需要，特别是对甲骨文的研究成为了热点。齐文化在新的历史阶段找到了属于自己的位置。一方面是罗振玉等著名学者发表了相关专著，另外一方面是近代考古学传入中国，科学意义上

孔子闻韶处

的考古工作相继展开，比较著名有对章丘城子崖遗址的发掘。更为重要的是，此阶段的研究开始具有了国际特点，很多国际专家特别是日本学者参与到对齐文化的研究中。总体来说，这一阶段以学术研究为主，旨在增强民族文化自信心。

罗振玉的《三代吉金文存》和郭沫若的《殷周青铜器铭文研究》为20世纪二三十年代研究齐文化的代表性学术成就。而最早对齐国瓦当进行著录和系统研究的，则是日本学者关野雄。他的《半瓦当之研究》记录了20世纪三四十年代在中国收集的瓦当进行分类和研究，全书十万字，配有大量的瓦当拓片和照片。其中有四十件是他在临淄调查时采集或收购的，并对临淄半瓦当的纹样、年代与系统等有关问题作了论述。

最近的研究　改革开放以来，随着经济的发展和思想的解放，齐文化研究也呈现出百家争鸣全面繁荣的大好形势。究其根源，"是齐文化中那种崇尚变革、奋发图强的精神和强国富民的策略，与时代脉搏的跳动相协调，给人们以很深的触动和启迪"，并且形成了以齐文化研究院为核心阵地的研究力量。

瓦当：为屋檐前端的一片瓦，用以装饰和蔽护建筑物檐头。上刻有文字、图案，属中国特有文化遗产。

齐文化相关学术研究以1982年在淄博召开"稷下学讨论会"为起点，至今形成了稷下

学、管子学等种类繁多的热点问题，研究领域也从思想文化延伸至政治、经济、军事、教育等各个方面。代表性的成果有《管子学刊》《齐文化丛书》等。

> 齐文化研究院是山东理工大学直属科研单位，前身是建于1988年的齐文化研究所。根据山东省"九五"期间社会科学规划，1999年在齐文化研究所的基础上整建制并入了《管子学刊》编辑部，建立了齐文化研究院。2000年，齐文化研究院被确立为"山东省齐文化研究基地"。研究方向为齐文化与中华民族传统文化。齐文化研究院的发展目标是：在保持齐文化研究国内领先地位的基础上，力求把齐文化研究院建设成为在国际上有较大影响的齐文化研究中心、资料信息中心、学术交流中心、人才培养基地。

《管子学刊》是综合研究齐文化及中国传统文化的学术性刊物。

《齐文化丛书》：国家八五重点图书，含书43种，共计1100万字。

中华传统文化

拓展活动

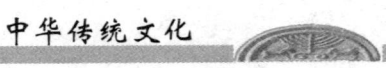

想一想

齐文化崇尚变革、奋发图强的精神和强国富民的策略，与当今深化改革开放，强调万众创新的时代精神相符。查阅相关文章和资料，寻找齐文化研究服务于当今需要的例证。

做一做

齐文化博大精深，寻根问祖是齐文化的一个方面，也成为当今发扬齐文化的一个重要方面。调查你所在的村庄或者社区，并统计出你所在村庄或者社区的姓氏，并总结分析其中体现的齐文化。

第29课　齐文化的开发

齐鲁大地拥有丰富的齐文化资源，不仅为齐文化的开发和利用提供了便利，对于相关资源的开发和利用更是取得了可喜的成果，产生了巨大的效益，推动了齐鲁大地的现代化建设和发展。对齐文化的开发和利用主要是在改革开放后，以学术性研究为后盾，着眼于旅游和民俗文化，并广泛应用在文物古迹的利用等方面。

对于旅游文化的开发利用。旅游业作为无烟工业，因其投资少、见效快、利润大而越来越受到重视。齐地不仅拥有丰富的齐文化资源，也拥有多样而优美的山水资源，为旅游业的开发提供了天然的有利条件。大体说来关于齐文化的旅游开发集中在以下几个方面：文物古迹类、民俗文化类以及政府主导的齐文化旅游节等。近年来围绕齐国古都、太公文化、齐长城等，已经有了很成熟的旅游开发路子和体系。

齐长城遗址

文物古迹类的旅游资源开发，主要包括齐长城、古墓群、古城墙等地上遗址，殉车马坑、古排水管道等地下遗存，以及古货币、瓦当等可移动文物。地上遗址以齐长城为代表，而且得到了比较完善的开发和利用。

　　齐长城始建于春秋时期，完成于战国时期，西起黄河河畔，东至黄海海滨，横贯山东千余里。齐长城依山就势而筑，其建筑宏伟，规模壮观，凝聚着二千五百年前我国劳动人民的勤劳与智慧，也体现了春秋首霸和战国七雄的东方泱泱大国的强盛雄风。2012年12月，"齐长城文化带"已经被确定为山东省"十二五"期间主要目标和任务之一。

中华传统文化

地下遗存以殉马坑为代表，自从1964年殉马坑发掘，就引起了极大的轰动。自开放以来，更是吸引了国内外各界人士。绘画大师刘海粟看后，即席挥毫写下"殉马奇迹天下无"的赞语。奥地利前总统基希施莱格当场写下赞颂："这是一个给人深刻印象的，真正独一无二的历史遗址。"前国务院总理等十几位党和国家领导人，都先后前来参观，并给予了高度评价。

东周殉马坑位于临淄区河崖头村西。墓主为齐景公，其墓早年被盗，随葬品无存，唯周围的殉马坑大部分保存完好。1964年山东省考古所发掘了北面西段五十四米，清理殉马一百四十五匹，其后经过多次发掘，清理出全部殉马当在六百匹上下。殉马全是壮年战马，且均为骟马，是被处死后人工排列而成，马两行，前后叠压，昂首侧卧，四足蜷曲，形作奔跑状，呈临战姿态，威武壮观。六百多匹马可装备一百五十多辆战车，相当于一个小诸侯国的全部军力。由此可见作为春秋五霸之首的齐国经济的发达，军力的强盛。

东周殉马坑

齐国历史博物馆整理和保存了多年来发掘和收集的可移动文物。在对齐文化旅游资源的开发和利用上，是现今最有代表性和比较成功的例证。

齐国历史博物馆

齐国历史博物馆是在齐国故城博物馆的基础上改建而成的，建筑面积二千六百平方米，外形似古城堡，系中国十大异型博物馆建筑之一。共分十五个展厅，包括齐国历史典故展和各类文物精品三百余件（套），并辅以模型、雕塑、沙盘、壁画、灯箱等传统艺术形式和音响、灯光、电影、电视、电动等现代艺术手段，全面细致地展示了齐国八百年的辉煌历史和灿烂的文化，充分反映了齐国的政治、经济、文化、艺术、科技、军事和礼俗，显示了齐文化在华夏文化中的重要地位。

民俗文化类，齐文化经过近三千年的发展和演变，并在与其他区域文化的交流和融合中，发展出多种多样、特色鲜明的民俗文化。仅国家级非物质文化遗产就有吕剧、周村信子等多种。此外，关于齐文化的相关展演和开发齐文化产品的工作，如打造"中国琉璃之乡"，建设"江北陶瓷名城"，宣传临淄足球起源地，以及由此衍生的各种产业等。

吕剧又称化装扬琴、琴戏，中国八大戏曲剧种之一，国家级非物质文化遗产，流行于山东和江苏、安徽、东北三省部分地区，起源于山东以北黄河三角洲，由山东琴书演变而来，1900年前后搬上舞台。吕剧音乐属于板腔体，主要伴奏乐器是坠琴、扬琴、三弦、琵琶，称"吕剧四大件"。它以淳朴生动的语言、优美悦耳的唱腔，丰富多彩的音乐语汇而深得广大人民群众喜爱。

经典吕剧剧目：李二嫂改嫁

齐文化旅游节，本名中国·临淄国际齐文化旅游节，按照"提高临淄知名度美誉度，弘扬传承齐文化，提升城市整体文化内涵，促进全区经济社会又好又快发展"的节会宗旨，遵循"政府主导、社会支持、市场运作、群众参与"的办节思路，以"泱泱齐风 大众盛典"为节会主题，坚持"节俭、开放、实效、惠民"的办节原则，按照"欢乐办节""开放办节""务实办节""特色办节""惠民办节"五大理念，通过开展一系列丰富多彩、意义深刻的活动，打响"齐国故都 文化临淄"品牌，使之成为建设先进文化、扩大对外交流、推进全面发展的有效载体。从2004举办第一届以来，至今已成功举办十余届。

2004年9月，首届国际齐文化旅游节在淄博市临淄区开幕。全国政协相关领导、山东省领导等到会祝贺。开幕式上，举行了姜氏、丘氏宗亲会馆揭牌仪式，《姜太公志》首发式和齐韶乐舞、蹴鞠表演等活动。随后，管仲纪念馆暨中国宰相馆举行了揭牌仪式。并且举办了经贸、文化、旅游招商洽谈会和齐文化与现代学术研讨会。在招商洽谈会上，签订了58个项目，产生了良好的经济效益。

对于齐文化开发的思考

虽然齐文化的开发利用取得了很多成果，但也应该看到仍然存在一定的问题。如对齐文化的认知水平较低；齐文化景点开发力度不足；有形的文化资源与无形的文化资源结合不够，无形的文化资源开发不足。有形的文化资源是指以实物存在的、比较具体的遗迹或遗物；而无形的文化资源如学术思想、民俗民风、民间艺术等，比较抽象，但同样内涵丰富、博大精深。

齐文化旅游节

> 据相关机构统计，在问卷调查中，有30%以上的民众对齐文化感到不甚了解，有65%的民众认为自己对齐文化只是"一般了解"。而在实地的随机采访中，很多人对齐文化只有一个模糊的概念，一知半解。
>
> 以临淄区为例来说，缺少具有足够吸引力和强大影响力的旅游项目或产品，也没有形成规模优势。在实地参观中发现，许多景点分布偏远，没有便捷交通，宣传力度不够；各处景点平时对维修、维护有疏忽。对内、对外宣传力度不足，缺乏与民众的互动。

当然，这都是在经济的发展中必然会出现的问题。在政府主导下，以市场为导向，一方面加强齐文化开发的对内、对外宣传，营造与民众的互动；另一方面对齐文化景点进行合理、充分的开发，建立完整的文化遗产展现体系，注重开发无形文化资源，将有形的文化资源与无形的文化资源结合起来。

特别是利用现代信息技术手段和新媒体，加大宣传力度，起到了良好的效果。

故事链接

孟姜女哭长城

孟姜女哭长城为中国古代四大传说之一,其故事原型发生在齐国,记载于《左传》中。齐庄公突袭莒国,齐国将领杞梁英勇战死,为国捐躯。齐人载杞梁尸回临淄,杞梁妻哭迎丈夫的灵柩于郊外的道路。后来,齐庄公亲自到杞梁家中吊唁,并把杞梁安葬在齐都郊外。据1921年《临淄县志》记载,杞梁墓,在县东三里郎家庄东,高仅数尺。现杞梁墓在临淄区齐都镇郎家村东约六百米处,其封土于1967年,因整地夷平,现遗址尚存。

千百年来,随着民间流传增加了"哭夫""城崩""投水"等情节,使故事情节更加丰富多彩。但也可以看出,表现杞梁妻大义凛然的刚烈性格,反对战争、热爱丈夫的主体框架都是故事原来就具备的。

拓展活动

做一做

1. 如果让你做齐国历史博物馆的导游,你该如何对游客介绍和说明齐国历史博物馆?

2. 如果让你做齐文化旅游节的形象大使,你会选择和介绍哪些齐文化,试着从历史、人文和地理等多方面说明。

中华传统文化

第30课　齐文化的光大

齐文化以其务实性、开放性和自由性，经过历代不断的融合创新，对整个中华民族精神的形成产生了重大的影响。改革开放后，随着对齐文化研究的深入，相关齐文化的开发越来越广泛、繁荣，齐文化也逐渐走出齐鲁大地，走向全国，影响世界。

学术性研究扩大齐文化的影响　山东理工大学齐文化研究院为研究齐文化的学术主要阵地，从1982年在淄博召开稷下学讨论会起，到现在基本形成了全面的齐文化研究体系。随着学术研究的深入，其影响也超出了学术的范围，受到了各地区和社会各界人士的重视和认同。

齐文化研究越来越受到各级各界人士的重视。据相关报道，在2011年，山东平度市召开齐文化学术研讨会，来自中韩两国的学者等济济一堂，共同探讨如何发扬光大齐文化。据有关专家介绍，齐文化作为中华文明的重要组成部分之一，在中国以及日韩等东亚国家具有广泛而深刻的影响。

崂山书院是传承中华传统文化和东方文化的体验栖息地，打造青岛面向世界的国学名片，对于推动青岛文化创意产业提速发展、进一步提升文化产业竞争力，将发挥积极而重要的作用。

相关旅游开发提升齐文化的知名度　利用齐文化对相关旅游文化资源的开发，既增加了经济效益，又能够提高齐文化的知名度。如齐都历史博物馆已经成了淄博市的旅游名片之一，对齐长城和周村古大街的开发利用也俨然成为了新的旅游热点。

> 一直以来，淄博市政府都非常重视文化建设。"乡村记忆"工程是淄博市文物局一个亮点工作。在做了大量普查、调研工作基础上，共普查出历史文化名镇、村、古建筑、古树、古井和古寺庙等四百八十八处，争取到周村大街和周村区王村镇李家疃村两处首批省级试点，另有六十三个村落纳入省级财政资金扶持范围。

周村素有"旱码头"之称谓，是近代北方非常重要的商业城市和商品集散中心。淄川则为中国短篇小说之王蒲松龄的故乡，他编著的《聊斋志异》更是风靡全国，享誉世界。近年来以周村和聊斋故事为题材的电影和电视剧大行其道，大大提升了齐文化的魅力和知名度。

> 《画皮》是一部由中国大陆和香港合拍的东方爱情魔幻电影，取材《聊斋志异》故事，陈嘉上导演，赵薇、周迅、陈坤、孙俪、甄子丹等主演。该片讲述了王生、佩蓉夫妻与狐妖小唯之间的爱情故事。于2008年9月26日上映，截至2008年10月19日累计票房达到2.12亿元。该片获得了第十三届中国华表奖优秀合拍片奖并入围第二十八届香港电影金像奖最佳影片奖。
>
> 《大染坊》由王文杰执导，由陈杰任编剧，由侯勇、孙俪、萨日娜、高明、何伟等人主演。该剧由山东电影电视剧制作中心出品，2003年10月9日在CCTV1综合频道首播。该剧讲述了清末民初山东周村一个名叫陈寿亭的讨饭少年胸怀大志，被周村通和染坊周掌柜收为义子后苦学染布手艺。十年苦心经营后与人共同创办大华染厂踏上了工业印染之路，终使大华染厂发展成为青岛第二大印染厂。该剧在第24届"飞天奖"荣获四大奖项。

齐文化的光大　早在"十二五"规划时期,淄博市就把发展文化产业作为加快转变经济发展方式的重要突破口。抓好文化载体建设,构筑文化产业发展平台。把文化载体建设作为推进文化产业发展的重要抓手和着力点、主阵地,构筑了文化产业发展的"三大平台"。一是构筑会展展示平台,宣传推介特色地域文化。二是开展文化产业项目招商活动,打造产业发展平台。三是建设文化产业交易平台。

2014年9月1—30日,淄博市成功举办中国(淄博)第四届书画艺术品博览月活动。活动期间,共组织开展各类活动89项,其中展览类80项、拍卖类3项、鉴宝类1项、研讨类2项、重点宣传推介类3项。本届书画月尝试"1+1+N"运作模式,第一个"1"是"保留一个传统",即保持发展好前三届书画月传统意义上的系列书画展;第二个"1"是"创新一个主题",即创新开展"实干发展淄博梦"主题创作,发动淄博籍书画名家写淄博、画淄博、颂淄博;"N"是"搭建多种平台",即开展书画论坛、交易、拍卖、鉴宝、金融合作等促进书画业发展的多种平台和载体建设。淄博市从2010年开始,每年9月份举办书画艺术品博览月活动。在前三届书画月期间,淄博市共策划了近300项书画展览、拍卖、鉴定、培训等活动,展出书画近3万幅,50余位国家级书画艺术家亲临淄博指导交流。

故事链接
齐文化名片的现代性诠释

2014年城乡田园喜剧《马向阳下乡记》,在央视一套黄金时间强势播出。该剧被国家新闻出版广电总局列入"中国梦"系列剧目,而该片的取景地是齐长城风景区。该景区能够脱颖而出,成为大热剧的拍摄地,得天独厚的生态休闲度假条件必不可少。

近年来，淄博市加快文化旅游产业发展步伐，依托山水资源优势，着力加快总投资7.39亿元的潭溪山、齐山、涌泉、梦泉等山水生态旅游景区建设。同时，把乡村休闲旅游纳入旅游发展格局，推行山水生态游、生态观光游、有机采摘游、民俗风情游四位一体的旅游发展思路，打造多功能休闲度假基地，提升旅游业档次。《马向阳下乡记》的热播，不仅宣传介绍了齐地优美的自然风光，更是展现了当代齐地人民艰苦奋斗、执着创新、关注民生的时代精神，这也正是齐文化在当代的体现。

拓展活动

做一做

结合《马向阳下乡记》，体会现代信息技术手段对发扬齐文化的作用。除了拍电视、电影外，我们还可以尝试用网站、微博和微信等来宣传介绍齐文化。请你写几条宣传介绍齐文化的微博，在班内与同学们交流。

活动探究

齐文化研究与开发的设想和建议

通过前面的学习，我们已经对齐文化的发展演变、研究和开发有了整体的了解。但随着社会的进步、经济的发展，文化也应该与时俱进，以适应新的时代要求。那么，对于齐文化的研究和开发，同学们会有哪些设想和建议？下面，我们就这一话题进行活动探究。

活动目标

1. 根据所学知识，整理收集相关资料，对齐文化的研究和开发现状做整体了解。
2. 为齐文化的研究和开发提出合理化设想和建议，并形成简要报告。

活动准备

1. 以班级为单位，分组合作。每个小组七至九人为宜，小组长负责整合资料，撰写总结报告。小组成员密切配合。
2. 利用学校图书馆查阅相关书籍，参观访问齐都历史博物馆和车马馆等。有条件的可以联系齐文化研究院等专家学者。

活动过程

1. 准备提案：归纳总结收集的资料，撰写提案文稿。
2. 提案交流：各小组之间展示提案，互相取长补短，完善总结提案。
3. 汇总分享：教师点评、指导；投票选出优秀提案。

活动总结

小组成员之间总结探究经验和心得，并与其他小组交流。

组别	得分1	得分2	得分3	得分4	得分5	最后得分

参考文献：

1. 王雁：《齐文化资源的品种、分类及特征》，《管子学刊》2012年第2期。
2. 刘清香：《齐文化价值及其国际传播》，《东岳论坛》2010年第11期。
3. 宣兆琦：《齐文化研究的现状与发展趋势》，《管子学刊》2005年第1期。
4. 马韶婴：《齐文化开发进程的现状、问题和前瞻》，《城市旅游研究》2011年第4期。

附1　周代齐国年表

（一）姜齐年表（公元前11世纪至公元前379年）

君　主	时间（公元前）	说　明
姜太公	1045—1015	在营丘建立齐国
丁公伋	1014—1010	太公长子
乙公得	1010—？	丁公弟
癸公慈母	？—？	乙公子
哀公不辰	？—867	癸公子
胡公静	866—859	哀公弟　迁都薄姑
献公山	859—851	胡公弟　复都营丘改名临淄
武公寿	850—825	献公子
厉公无忌	824—826	武公子
文公赤	815—804	厉公子
成公脱	803—795	文公子
庄公购	794—731	成公子，春秋小霸
僖公禄文	730—698	庄公子，春秋小霸
襄公诸儿	697—686	僖公子
公孙无知	686—685	襄公叔父子
桓公小白	685—643	襄公弟，春秋五霸第一

续表

君　主	时间（公元前）	说　明
无诡	643.12—642.2	桓公子
孝公昭	642—633	桓公子
昭公潘	632—613	桓公子
公子舍	613.5—613.10	昭公子
懿公商人	612—609	桓公子
惠公元	608—599	桓公子
顷公无野	598+582	惠公子
灵公环	581—554	顷公子
庄公光	553—548	灵公子
景公杵臼	547—490	庄公弟
晏孺子	489春—489.10	景公子
悼公阳生	488—485	景公子
简公壬	484—481	悼公子
平公鳌	480—456	简公弟
宣公积	455—405	平公子
康公贷	404—379	宣公子。康公死，姜齐被田齐取代

（二）田齐年表（公元前386年至公元前221年）

君　主	时间（公元前）	说　明
太公和	386—384	田和为齐侯

续表

君　主	时间（公元前）	说　明
齐侯剡	383—375	太公田和子
醒公午	374—357	
威王因齐	356—320	桓公子　战国称雄
宣子辟疆	319—301	威王子
闵王地	300—284	宣王子
襄王法章	283—265	闵王子
齐王建	264—221	襄王子　被秦灭

附2　周代齐国历史大事记

时间（公元前）	说　明
公元前 1045 年	姜太公封于营丘（即今淄博市临淄区），建立齐国
公元前 866 年	齐胡公姜静把都城从营丘迁到了薄姑（今滨州市博兴县湖滨镇寨卞村北）
公元前 859 年	齐献公姜山复都营丘，将营丘改名为临淄
公元前 690 年	齐襄公姜诸儿灭掉纪国（都城在今寿光市纪台镇纪台村）
公元前 685 年	齐桓公姜小白即位
公元前 679 年	鄄地（今山东鄄城）会盟，齐桓公成为公认的霸主
公元前 672 年	陈完逃奔到了齐国。齐桓公任命他为工正，负责管理齐国的手工业
公元前 667 年	幽地会盟，周惠王的代表召伯廖以天子的名义，向齐桓公授予"侯伯"的头衔
公元前 664 年	齐桓公伐戎救燕
公元前 661 年 公元前 659 年	齐桓公两次伐狄救邢
公元前 660 年	齐桓公伐狄救卫
公元前 659 年	齐桓公伐楚，与楚订"召陵之盟"
公元前 651 年	葵丘（今河南省民权县或山东省鄄城县）会盟，标志着桓公的霸业达到顶峰
公元前 645 年	管仲病逝
公元前 643 年	齐桓公被饿死
公元前 589 年	晋、鲁、曹、卫伐齐，双方在鞌（今济南附近）展开激战

续表

时间（公元前）	说　明
公元前 567 年	齐灵公灭莱
公元前 523 年	齐景公伐莒，攻破纪鄣（今江苏省赣榆县东北）
公元前 517 年	鲁国内乱，鲁昭公投奔齐国。孔子来齐闻韶
公元前 481 年	田常兄弟逐杀监止、齐简公姜壬，立齐平公姜骜
公元前 386 年	田和正式成为齐侯，列名于周朝王室
公元前 379 年	齐康公姜贷死，姜氏齐国的历史结束
公元前 353 年	齐、魏桂陵之战，齐国大胜
公元前 341 年	齐、魏马陵之战，齐国大胜
公元前 334 年	徐州相王，齐威王称王称雄，齐国"最强于诸侯"
公元前 314 年	齐宣王命令匡章率军占领燕国
公元前 301 年	齐宣王命令匡章与魏将公孙喜、韩将暴鸢率领三国联军进攻楚国，在垂沙（今河南唐河境）杀得楚军大败
公元前 288 年	秦昭王与齐湣王共同称帝，秦昭王为西帝，而齐湣王为东帝
公元前 286 年	齐湣王灭宋
公元前 284 年	燕昭王任命乐毅为上将军，率领燕、赵、韩、魏、秦五国合纵攻齐。燕军攻破临淄，攻下齐国七十余城，仅剩下了即墨（今山东即墨北）和莒邑（今山东莒县）
公元前 279 年	田单在即墨火牛阵破燕，收复齐国被占领土，迎接齐襄王回临淄主政
公元前 221 年	秦王命令王贲率军击齐，齐王建投降，齐国灭亡

编后语：

为落实教育部《完善中华优秀传统文化教育指导纲要》精神，由宋爱国同志倡导和发起，张成刚同志积极推进，组成了《中华传统文化——走进齐文化》编委会，编写了本书，旨在使广大中小学生通过对齐文化的学习和了解，感悟齐文化的丰富多彩和博大精深，激发热爱齐文化的情感，提高对齐文化的认同度，从而探究齐文化，发掘齐文化，弘扬和光大齐文化，共建中华民族文化的精神家园。

徐广福拟定《〈中华传统文化——走进齐文化〉编写大纲》，确立了编写的指导思想、编写的原则、编写的思路、编写的体例、编写的内容和编写的目录；李德刚、吴同德、于建磊负责分册编写的组织、统稿、审稿和修订工作；王鹏、朱奉强、许跃刚、李新彦多次组织相关会议，推动了本书的编写工作；各分册的编写人员尽心竭力，按时完成了编写任务。

本书在项目论证、具体编写、审稿修订的过程中，得到了社会各界的帮助。齐文化专家宣兆琦教授对本书的编写纲要提出了很好的意见和建议；临淄区齐文化研究中心、齐文化研究社鼎力相助，宋玉顺、王金智、姜建、姚素娟、王景甫、王本昌、王方诗、邵杰、胡学国、王毅等专家给予了热情指导和真诚帮助，在此表示衷心感谢！

我们还要感谢试用本书的广大师生和读者。限于时间和水平，本书难免会存在一些问题，希望在试用过程中，及时把意见和建议反馈给我们，以便我们进一步改进和优化，提高本书的内涵品质。

《中华传统文化——走进齐文化》编委会

2023 年 2 月